혁신의 시작

혁신의 시작

한국 경제의 성장잠재력을
어떻게 다시 끌어올릴 것인가

서울대학교 한국경제혁신센터·경제연구소·경제학부 엮음

혁신은 어떻게 시작되나

저개발국이 선진국이 되려면 일반적으로 두 가지 단계를 거친다. 첫째는 생산 자원을 더 많이 투입해서 성장하는 외연적 성장extensive growth 단계다. 투자를 통해 자본을 축적하고 노동력을 증가시키면 경제 규모가 커진다. 그러나 이런 방식의 성장은 지속되기 어렵다. 시간이 지나면서 노동력을 증가시키기가 점점 더 어려워지기 때문이다. 수확체감의 법칙이 작동하여 자본을 더 투입한다 해도 이전만큼 생산량이 증가하지 않는다. 이것이 '중진국 함정middle income trap'이다. 이를 벗어나려면 새로운 성장 방식으로의 전환이 필요하다. 생산성이 올라가 이전과 같은 자본과 노동력을 투입하고서도 성장률이 증가하는 방식이다. 이 전환에 성공할 때라야 비로소 경제는 혁신을 통해 성장하는 내포적 성장intensive growth 단계에 이르게 된다. 그러나 진입이 끝은 아니다. 이 단계에 진입한 이후에도 지속적인 혁신으로 자본과 노동의 효율성을 끌어올려야 경제가 계속 성장한다. 혁신 없인 성장도 없다.

혁신 방정식

혁신은 생산성을 높이기 위해 새로운 기술과 생산 방식을 도입하는 것을 뜻한다. 농업 부문에서는 새로운 종자의 개발과 보급, 이모작과 윤작輪作의 도입이 그 예다. 20세기 이후의 주요한 혁신으로서 포드 자동차의 컨베이어 시스템, 컴퓨터의 발명과 이용, 스마트폰의 등장과 보급 등을 들 수 있다. 그럼 이러한 혁신은 어디에서 나올까? 어떻게 혁신을 촉진할 수 있을까? 이 질문에 답하기 위해서 혁신의 수요와 공급 요인을 생각할 필요가 있다.

먼저 혁신의 수요는 시장의 크기와 제도적 수용성에 달려있다. 시장이 클수록 혁신에 대한 보상은 증가하며, 이는 더 많은 혁신을 초청하는 초대장과 같다. 애덤 스미스도 《국부론》에서 핀을 제조하는 공장의 혁신을 예로 들면서 시장의 크기가 이런 혁신을 낳았음을 설명하였다. 미국과 중국 등 국내시장이 큰 나라의 장점 중 하나가 바로 혁신에 대한 보상이 크다는 점이다. 그러나 국내시장의 규모가 작은 나라도 무역을 통해서 혁신을 자극하는 효과를 누릴 수 있다. 전 세계 인구의 0.7%에도 미치지 못하지만 무역으로 세계 10위의 경제 규모를 가지게 된 우리나라가 대표적인 예다. 이 책에서 박지형 교수는 한국의 성공 사례가 대외지향적 발전전략의 중요성을 보여준다며 앞으로도 국내의 인적·물적 자원뿐 아니라 전 세계 자원을 효과적으로 활용해야 지속적 혁신이 가능함을 강조하고 있다.

혁신을 수용하는 제도도 혁신의 수요에 결정적인 역할을 한다. 새로운 기술이 실제로 보급되고, 이용되는 것은 정치, 문화, 법률 등의 제도가 이를 수용하고 장려했기 때문이다. 다수의 학자는 유럽의 경제력이 근대에 이르러 중국을 앞지른 주요 이유로 혁신에 대한 제도적 수용성을 든다. 중국 명대의 정화鄭和는 아라비아를 넘어 아프리카까지 항해하였다고 알려진다. 이처럼 명나라는 유럽보다 훨씬 앞서 원거리 항해술이라는 기술을 보유하게 된 것이다. 하지만 이 기술은 유럽에서와 달리 항해 전반에 보급되어 무역을 촉진하고 생산성을 증가시키는 혁신으로 이어지지 못했다. 정화가 죽고 난 후, 명은 다시 쇄국정책으로 돌아갔다. 중국은 왜 신기술을 발명하고도 이를 활용하지 못했을까? 가장 설득력이 있는 주장은 당시 권력층이 외국과의 무역이 체제 안정에 도움되지 않는다고 판단했기 때문이라는 것이다. 즉 정치적 제약이 신기술을 가로막아 혁신으로 이어지지 못하게 막은 것이다.

혁신의 수요를 계속 억누르기는 어렵다. 무엇보다 민주주의국가에서는 경제성장과 정치 안정이 선순환 관계에 있다. 물론 혁신의 정치적 제약이 완전히 사라진 것은 아니다. 산업과 노동의 기득권을 유지하기 위해 혁신을 거부하는 세력도 존재한다. 그러나 이로 말미암아 경제성장이 멈추게 되면 혁신을 받아들이려는 압력이 커진다. 또 혁신의 수요를 줄이려고 폐쇄경제 정책을 펴는 선진국은 없다. 국가 간 갈등, 예를 들면 미·중 갈등이 글로벌 시장의 크기를 제한하는 결과를 초래할 수 있다. 그러나 이는 우리 정책으로 해결할 수 있는 문제가 아니다. 따라서 한국의 혁신을 다루는 이 글에서는 혁신의 수요보다 공급 요인을 중심으로 논의한다.

혁신의 공급 요인은 무엇인가? 혁신의 공급 요인은 창의적 사고를 포함한 인적 자본, 기술을 융합하는 역량, 그리고 혁신에 적합한 제도, 즉 공정하고 유연한 제도다. 따라서 혁신의 공급은 다음과 같은 식으로 표시할 수 있다.

> 혁신 = 공정하고 유연한 제도 × 인적 자본(창의적 사고) × 기술 융합 역량

한국은 혁신의 공급을 결정하는 세 가지 요인 중에서 대기업 부문의 '기술 융합 역량'은 우수한 편이나 '창의적 사고'와 '공정하고 유연한 제도'의 면에서는 다른 선진국에 비해 뒤처진다. 특히 제도가 혁신을 촉진하는 핵심 요인이라는 점에 대해서는 제대로 주목하

지 않고 있다. 정부 정책 수립과 국회의 입법 과정에서도 혁신을 단순히 물량 투입의 결과로만 생각하고 제도의 중요성은 심각하게 고려되지 않는 듯하다. 그러나 정책 수립과 입법 과정이 후진적이면 투자를 많이 한다 해도 진정한 혁신을 기대하기는 어렵다. 엉뚱한 곳으로 자원이 소모되기 때문이다. 이러한 맥락에서 이정민 교수는 정부가 충분한 숙려 기간과 사전 검토 기간을 거친 후 정책을 체계적으로 결정해야 한다고 강조한다.

경제성장 이론은 혁신을 촉진하기 위해서는 연구개발$_{R\&D}$ 지출을 증가시키고 인적 자본을 축적해야 한다고 가르친다. 이에 따르면 대한민국은 혁신의 모범국이다. 국민총소득에서 R&D 지출의 비중은 세계 최고 수준이며 대학 진학률도 전 세계에서 몇 번째를 다투고 있다. 2021년 글로벌혁신지수$_{Global\ Innovation\ Index}$에서도 한국을 스위스, 스웨덴, 미국, 영국에 이어 세계 5위의 혁신국가로 발표했다. 이근 교수가 제시한 국가혁신체계$_{National\ Innovation\ System}$ 지수에서도 한국은 13위를 기록하였다. 그러나 글로벌혁신지수의 세부 내용을 살펴보면 한국의 문제가 드러난다. 혁신의 투입 지표인 R&D 지출과 교육 수준에서는 세계 1위이지만 혁신의 산출 지표인 지식과 기술 수준 및 생산품의 창의성을 평가하는 지표에서는 8위를 기록했다. 노력 수준은 1등인데 성적은 8등을 했다는 의미다. 반면 2021년 글로벌혁신지수에서 1위를 차지한 스위스는 투입 지표에서는 6위에 그쳤지만 산출 지표에서는 1~2위에 올랐다. 이처럼 다른 선진국과 비교할 때 한국에서 혁신의 효율성은 크게 낮다. 그 이유는 무엇일까? 글로벌혁신지수 중 제도의 수준을 보여주는 지표가 그 단서를 제공하고 있다. 한국은 제도 수준 지표에서 28위를 기록함으로써 다른 지표에 비해 크게 낙후되었다. 이 결과는 한국의 제도가 후진적이어서 창의성을 북돋거나 혁신을 배양하기가 어렵다는 뜻으로 해석될 수 있다.

혁신의 시작은 공정한 제도

한국의 제도를 혁신 친화적으로 전환시켜야 혁신이 가능하다. 이 책에서 김소영 교수가 언급하는 혁신 친화적인 경제 환경을 조성하는 것은 공정하고 유연하도록 제도를 개선하는 데서 출발할 수 있다.

혁신은 주로 과학자와 기업이 수행하는 기술개발에서 시작된다. 과학자와 기업은 기술을 직접 개발하는 주체다. 그러나 혁신을 위해서 이들의 역할만이 중요한 것은 아니다. 이들이 과학을 연구하고 창업하기로 한 선택은 주어진 제도에 반응한 결과다. 그리고 이들이 거두는 성과도 제도의 수준에 영향을 받기 마련이다. 따라서 제도가 혁신을 결정하는 근본 요인이라 해도 과언이 아니다.

제도의 공정성은 혁신의 필요조건 중 하나다. 제도 공정성의 첫 번째 원칙은 이익과 손해의 주체가 일치해야 한다는 것이다. 즉 손실의 위험을 무릅쓰고 혁신에 투자한 결과 돈을 벌었다면 그 수익은 혁신에 기여한 사람에게 돌아가야 한다. 반대로 손해를 봤다면 그것도 그 개인이나 집단의 책임이다. 만약 혁신에 관여하지 않은 사람이 몫을 챙겨가도록 강제하는 제도가 있다면 이는 공정성을 해칠 우려가 있다. 반대로 다른 사람이나 사회가 개인이나 기업의 실패를 보상하도록 강제하는 것도 공정하지 못한 제도라 할 수 있다.

사회주의는 혁신의 반면교사다. 사회주의는 이익과 손실을 공유하는 경제체제였다. 사회주의에서도 우주나 무기산업과 같은 특정 부문에 정부가 자원을 집중하고 개발자에게 막대한 유인을 부여한 결과 그 부문에서의 혁신이 가능했다. 소련이 1957년에 미국에 앞서 발사한 스푸트니크 인공위성이 그 예다. 그러나 이는 국지적 혁신에 그쳤고 경제성장을 견인하지는 못했다. 결국 구소련과 동유럽의 모든 사회주의 경제는 성장을 위해 자본주의로 체제를 전환해야만 했다. 이처럼 생산성 증가는 혁신적 기술이 다른 기업과 산업으로 광범하게 파급 및 전이될 때 가능하다. 이는 경제적 이익을 목적으로 역동적으로 움직이는 경제주체가 없으면 이루어지기 어렵다. 정부의 보이는 손으로 이를 대체할 수는 없다. 이것은 사회주의 실험의 대실패가 가르치는 역사적 교훈이다.

혁신에 기여하지 않은 자와 혁신의 이익을 공유하도록 강제하는 제도나 혁신의 실패로 인한 손실을 외부자에게 전가시키는 제도 역시 혁신을 저해한다. 손실에는 사적 책임을 지우면서 혁신의 이익은 공유해야 한다고 하면 위험을 무릅쓰고 혁신을 시도할 유인은 사라지게 된다. 반대로 이익은 사유화하지만 손실을 공유되게 한다면 이른바 연성예산제약soft budget constraints이 생겨 무모한 도전, 도덕적 해이, 비효율적인 투자가 일어난다. 물론 사회적으로 큰 유익이 기대되는 기술이지만 기술개발의 위험부담이 너무 커서 사적으로 감당하기 어려울 때 정부는 보조금 등으로 이를 지원해야 마땅하다. 또 주병기 교수의 주장과 같이 적절한 수준의 사회안전망은 혁신에 도전할 동기를 증가시킬 수도 있다.

공정한 제도는 혁신의 동기를 부여하고 물적 유인material incentives을 제공한다. 예를 들어 인재가 기업을 만들고 과학자를 꿈꾸기보다 공무원이 되려는 사회에서는 혁신을 기대하기가 어렵다. 그럼 왜 많은 인재가 공무원이 되려 할까? 공무원이 기업가나 과학자보다 더 대접받고 물적 보상도 크다고 믿기 때문이다. 직업의 안정성도 더 높을 수 있다. 개인의 입장에서는 지극히 합리적인 결정이다. 그러나 이는 사회 전체로 볼 때 최적의 자원배분이 아니다. 이런 식으로 인재의 배분allocation of talents이 왜곡되면 혁신은 멈추고 그 결과 성장도 중단된다. 유럽과 동아시아의 일인당 소득이 근대에 역전된 중요한 이유도 동아시아에서 '사농공상士農工商'이란 문화와 제도가 혁신을 가로막았기 때문이다. 프랑스의 인재는 기업가가 되기보다 관료나 군인을 선호한 결과 산업혁명이 프랑스가 아니라 영국에서 먼저 일어났다는 주장도 이와 맥락을 같이 한다. 더욱이 개인이 재산권을 보호 받지 못하고 권력자로부터 수탈당하는 사회에서는 창업과 혁신의 유인이 생기기 어렵다.

이 책에서 이상승 교수는 기업의 자유로운 수익 추구를 보장하는 것이 기업 정책의 첫걸음이라고 주장한다. 이는 제도 공정성의 첫 번째 원칙으로서 기업뿐 아니라 혁신 정책의 첫걸음이라고 볼 수 있다. 또 혁신과 창업의 유인을 키워야 한국 경제가 성장할 수 있다는 판단에서 그는 기업의 창업가에게 차등의결권을 부여하자고 제안한다. 법적으로 일반론을 펼치기보다 제도와 정책을 혁신 친화적으로 만드는 것이 중요하다는 주장이다. 동시에 소액주주와 고객의 손해를 보상하기 위한 민사구제책을 정비해 공정성을 제고하고 기업 오너와 이들 사이에 이익의 균형을 맞추어야 한다고 조언한다.

제도 공정성의 두 번째 원칙은 시장 진입을 포함해 경쟁을 제고 해야 한다는 것이다. "경쟁해야 혁신되고 혁신이 있어야 발전한다"는 이상승 교수의 메시지도 이와 맥락을 같이 한다. 특히 기존의 시장에서 독과점적인 위치에 있는 기업이 다른 기업의 시장 진입을 막는다면 혁신의 기회는 줄어든다. 주병기 교수는 독과점 기업이 진입장벽을 만들고, 기술을 탈취하며, 단가를 후려치는 방식으로 다른 경쟁기업이나 협력업체의 혁신을 가로막을 수 있음을 지적한다. 이 같은 제도의 불공정성은 분배뿐 아니라 혁신과 성장마저도 저해한다는 뜻이다.

경쟁이 공정하게 이루어지도록 관리할 책임은 정부에게 있다. 주병기 교수는 "경제적 약자의 협상 지위를 높여 수평적 관계가 만들어져야 공정한 시장이 형성된다"며 독과점적 기업에 의한 시장지배력을 경계한다. 정부에 의한 역차별도 공정을 저해할 수 있다. 안동현 교수는 정부가 인터넷전문은행에 대한 규제를 낮춤으로써 기존 금융사를 역차별한 점이 있다고 말한다. 더욱이 금융 규제가 국내 기관 중심으로 이루어짐으로써 외국 기관이 결과적으로 특혜를 누리는 현상도 발생한다고 지적한다. 이처럼 기울어진 판을 편평하게 만들어 공정한 경쟁을 담보할 때 혁신의 씨앗은 왕성히 자랄 수 있다.

제도가 유연해야 혁신 가능해

경제체제로서 자본주의의 가장 큰 장점은 유연성이다. 이는 사회주의 경제체제와 비교할 때 잘 드러난다. 사회주의에서는 중앙 계획이, 자본주의에서는 시장이 경제 주체의 활동을 조정한다. 중앙 계획경제에서는 허락받지 않고서는 새로운 기술과 생산방법을 도입하거나 실험할 수 없다. 새로운 시장을 개척할 수도 없고 또 그럴 필요도 없다. 또한 중앙 계획은 1년 단위로 집행되기 때문에 집행 과정에서 문제가 생기더라도 다음 연도가 되어야 수정이 가능하다. 대

단히 경직적인 제도이다. 반면 시장경제 체제에서는 법이 허락하는 범위 내에서 경제 주체가 스스로 책임을 지고 신기술과 새로운 생산 방법을 도입하고 새로운 시장에 진출할 수 있다. 또 시장은 실시간 경제 상황을 반영한다. 시장경제 체제는 이처럼 유연하다.

문제는 자본주의에서도 법과 규정이 너무 엄격하고 촘촘해서 시장의 유연성을 크게 저해할 수 있다는 점이다. 새로운 기술을 도입할 때 정부의 허락을 받도록 강제하는 법이 있다고 가정하자. 이는 기술의 테두리를 정부가 정함으로써 혁신의 범위를 일정한 공간 내로 가두는 결과를 초래한다. 이런 경제에서 광범한 혁신이 일어나기는 어렵다. 또 정부의 승인 여부는 불확실성과 거래비용을 증가시키며 그럴수록 기업가 정신과 혁신은 위축된다. 그뿐 아니라 관료의 힘이 비대해져서 부패와 지대추구가 증가할 수 있다. 법을 집행하기 위해 관료의 수를 늘리면 이들은 또 다른 법과 규정을 도입하여 힘을 유지하고 키우려 한다. 극단적으로 자본주의가 사회주의식으로 운영될 수도 있다. 그러기에 김소영 교수는 정부가 주도해 물량과 규제 위주의 혁신 정책을 펴는 것은 실패라고 경고한다. 박지형 교수도 각종 규제를 완화해 시장의 역동성을 키워야 기업과 개인의 혁신 활동이 자유롭고 충분히 일어날 수 있다고 지적한다.

유연한 경제는 거래비용이 적은 경제를 의미한다. 기업이 필요로 할 때 노동과 자본 등의 생산요소가 원활히 조달될 수 있고, 원자재와 부품 등을 구매하는 데 애로가 적어야 유연한 경제다. 비유하자면 기업 간 거래가 물 흐르듯 순조롭게 진행되는 경제다. 그렇지 않고 거래가 여기저기서 막힌다면 경직적인 경제다. 예를 들어 자본시장의 미발달이나 규제로 인해 자본 조달이 원활하지 못하거나 사법제도가 계약 이행을 제대로 보장하지 못하는 경우가 그렇다. 사회적 신뢰가 낮아 거래가 어려운 것도 제도를 경직되게 하는 이유가 된다. 이철희 교수는 경직적 교육 시스템도 노동시장을 경직적으로 만드는 한 원인이라고 지적한다. 노동시장이 유연화되려면 시장수요에 맞추어 학제 간 융합과 새로운 학문 분야 개설 등과 같은 대학교육 시스템이 유연해야 한다는 의미다. 제도의 경직성은 혁신의 싹을 짓밟는다.

이철희 교수가 강조하는 것처럼 노동시장의 유연성 확보도 큰 과제다. 노동시장은 다른 생산요소 시장인 자본시장에 비해 훨씬 민감한 문제다. 바로 사람을 다루기 때문이다. 근로자는 일자리도 많고 일자리의 안정성도 높은 경제를 원한다. 그런데 일자리를 만드는 기업은 일자리의 안정성을 기업 경영의 애로 요인으로 간주한다. 경기 국면과 기업 상황에 맞추어 고용과 해고가 원활하게 이루어져야 기업이 생존하고 발전할 수 있기 때문이다. 따라서 노동시장이 유연하지 못하면 기업활동은 위축되고 일자리는 줄어든다. 더욱이 경직적인 노동시장은 청년의 노동시장으로의 진입을 어렵게 만든다. 이는 청년의 창의적 발상과 새로운 사고를 사회가 활용하지 못하는 결과로 이어지고 혁신에도 부정적 영향을 미친다. 이처럼 많은 일자리와 일자리의 안정성은 상충trade-off 관계이다. 여기서 무엇을 더 중시하느냐를 선택해야 하고 그 결과에 따라 자본주의의 성격이 달라진다.

노동시장의 유연성과 안정성 문제는 자본주의의 다양성varieties of capitalism 논의와도 관련이 있다. 예를 들어 미국 자본주의는 일자리 창출을 안정성보다 더 중시한다. 반면 유럽 대륙의 자본주의는 일자리의 안정성을 더 강조한다. 한편 북구식 자본주의는 유연안정성flexicurity, 즉 유연한 노동시장을 지향하되 사회안전망을 강화해 기업이 아니라 정부가 가계소득의 안정성을 보장하는 제도를 운용한다.

우리는 어떤 방향으로 나아가야 할까? 북구식의 장점이 두드러지지만, 한국에 그대로 적용할 수 있을지 많은 논의가 필요하다. 북구 국가는 사회적 자본 수준이 높으며 연대감이 강하다. 이는 비교적 적은 인구와 동질적인 문화 때문일 수 있다. 반면 한국의 사회적 자본이나 상호 연대의식은 비교적 낮은 수준이며 인구 수도 북구 중 인구가 가장 많은 스웨덴의 다섯 배 정도이다. 이와 관련하여 이정민 교수는 플랫폼 노동과 같은 유연한 근로 형태가 더욱 확산될 가능성에 주목하고 있다. 이러한 형태의 근로를 포괄하는 노동 제도를 만드는 과정에서도 우리는 기술혁신을 가로막지 않고 오히려 촉진하는 유연한 노동시장의 형태를 고민해야 할 것이다. 결국 이 문제는 한국형 최적 복지제도를 찾는 과정과 함께 모색해야 한다.

창의적 사고는 혁신의 뿌리

창의적 사고는 기존과 다른 방식으로 문제에 접근하고 해결하려는 시도와 관련이 있다. 이를 위해서는 호기심을 배양하고 다양성을 추구하며 토론을 장려하는 교육이 필요하다. 가정과 학교에서의 교육뿐 아니라 직장과 사회의 문화가 창의적 사고에 친화적일수록 혁신의 가능성은 증가한다.

윌리엄 보몰William Baumol 교수는 기업가 정신에 관한 연구로 유명한 미국의 경제학자였다. 필자는 보몰 교수가 전미경제학회 연례 총회에서 발표하는 세션에 참석한 적이 있다. 그는 기업가를 창조적 기업가와 모방적 기업가로 나눈 다음 세계에서 창조적 기업가가 가장 많은 나라를 미국으로 뽑은 반면 동아시아의 기업가에 대해서는 여전히 모방적 기업가형이라고 진단했다. 그러나 가장 흥미로웠던 대목은 다음이었다. 미국이 여전히 창의적인 이유가 초등학교 교육이 엉망(?)이기 때문이라는 것이다. 반면 동아시아처럼 질서정연하고 열심히 학습하는 학교 분위기는 오히려 창의성 개발에 적합하지 않다는 주장이었다. 아직 엄밀한 실증분석 결과는 없지만 그럴 개연성은 충분하다. 특히 한국의 입시제도와 학원 교육은 창의성 개발을 저해한다. 비판적 사고를 지양하고 패턴 위주의 암기력을 테스트하는 입시제도와 이 기술을 가르치는 교육을 그대로 유지하는 분위기에서 과연 한국 경제의 혁신이 가능할까?

경제성장의 코어 엔진은 인적자본이며, 인적자본은 주로 교육을 통해 양성된다. 이 책의 여러 교수도 혁신을 고민하면서 교육의 문제를 지적한다. 이정민 교수는 우리나라 인재가 다른 나라를 답습하는 수준을 넘어 세계를 이끌 혁신자가 되어야 한다며 혁신적 인재 양성의 중요성을 역설한다. 그러나 우리는 여기서 꽉 막혀 있다. 주병기 교수의 지적대로 과거 계층 사다리로 여겨졌던 고등교육이 이제는 계층 유지의 수단이 되고 있기 때문이다. 이는 역량의 보유와 활용의 불일치를 불러일으켜 혁신의 싹을 사장시키는 결과를 초래한다.

기술 융합력은 한국의 강점

기술 융합력은 한국의 강점일 것이다. 한국의 대기업 집단은 다양한 종류의 제품을 생산하는 만큼 다양한 분야의 기술력을 동시에 보유하고 있다. 또 대부분 수출을 통해 성장했기 때문에 세계적 경쟁력을 가진 제품도 적지 않다. 이런 기업 내부 역량은 기술 융합에 유리하다. 예를 들어 삼성전자가 만든 스마트폰에는 삼성그룹에 속한 기업이 만든 메모리 반도체, 디스플레이, 카메라 등이 장착되어 있다. 또한 한국 사회의 촘촘한 관계망은 혁신에 관한 정보 교환과 지원 가능성을 증가시킴과 동시에 혁신의 파급에도 유리한 환경을 조성한다. 이근 교수는 이러한 융복합을 더욱 확장해 기업의 내부 자원을 넘어선 외부와의 연계의 중요성을 강조한다. 또한 그는 "다양한 영역에 씨앗을 파종하고 사업 간 재조합과 재구성에서 새 기회를 찾는 전략을 추구해야 한다"며 디지털 기술을 매개로 한 합종연횡 혁신이 더욱 필요할 때라고 설파한다.

대기업과 중소기업 사이의 생태계가 건강해야 산업 전체의 혁신 가능성도 증가한다. 이를 위해 이근 교수는 대기업의 역량을 중소기업과 공유하는 것이 필요하다고 주장한다. 그 예로서 삼성전자의 도움을 받아 기존 수입품보다 개선된 진단키트용 플라스틱 튜브 용기를 생산할 수 있었던 솔젠트를 들고 있다. 최근 SK 텔레콤이 SK가 보유하고 있는 ICT 역량을 스타트업이나 대학 등 외부 개발자와 공유하는 오픈 커뮤니티를 론칭한 것도 이와 유사한 맥락이다.

정책의 지배구조를 혁신하자

한국에서 혁신을 말하면 R&D 투자와 교육 지출을 증가시키는 것을 연상한다. 그러나 이런 물량 위주의 혁신 시도 자체가 비혁신적이다. 오히려 혁신은 창조적 사고와 제도의 공정성 및 유연성, 그리고 기술 융합 역량의 결합으로 가능하다. 그래야 동일한 R&D와 교육 지출로써도 더 많은 혁신의 열매를 거둘 수 있다.

한국 경제 혁신의 주요 장애요인은 사회 갈등과 분열을 해소하기보다 오히려 증폭시키는 정치다. 안동현 교수는 기업의 지배구조보다 정책의 지배구조가 더 문제라고 일침을 가한다. 단기 성과에 집착하도록 만드는 5년 단임 대통령제와 이에 따른 관료의 유인체계도 제도와 창의성에 기반을 둔 혁신을 가로막는다.

보다 근본적이며 장기적인 해결책을 모색하는 정치가 필요하다. 이러한 정치하에서 전문가와 관료가 혁신을 위한 정책을 함께 만들어나가야 한다. 혁신이 자랄 수 있는 공간을 만들고, 공백을 메워주고, 판이 기울어진 것을 편평하게 만드는 것은 정부의 책임이다. 혁신의 시대에 혁신 없인 한국의 미래도 없다.

감사의 말씀

이 책은 서울대 경제학부의 한국경제혁신센터(이하 센터) 설립을 기념하기 위해 전 센터장 김병연 교수와 이정민 교수가 기획하고, 동 경제학부 8명의 교수가 뜻을 모아 펴낸 것이다. 매일경제신문은 교수들을 인터뷰한 기사를 지면에 실어 사회와 소통하는 데 기여했다. 이 일을 담당해주신 매경의 김정환, 김희래, 백상경, 윤지원, 이승훈, 이유섭, 전경훈, 전범주 기자님, 특히 이를 조율해주신 송성훈 기자께 감사드린다. 또 매경출판의 서정희 대표는 기꺼이 책을 편집, 출판해주셨다. 서울대 경제학부의 강지혜 박사는 교수들의 원고를 잘 다듬어주셨으며, 동 학부 20학번 김예준, 윤서영 학생은 인터뷰 질문지에 청년의 목소리를 반영해주었다. 경제학부의 여러 교수께도 감사의 말씀을 드린다. 경제학부장 이상승 교수, 경제연구소장 안동현 교수, 센터장 장용성 교수는 책의 기획과 출판 과정에 많은 도움을 주셨다. 특히 류근관 교수는 2017년 당시 경제학부장으로서 경제혁신센터라는 비전을 처음 제시하며 모금에 앞장서셨다. 그 뒤를 이어 김대일 전임 학부장, 그리고 현 이상승 학부장도 센터의 설립과 모금에 크게 기여하셨다. 경제학부 출신의 많은 동문이 힘을 보탰으며 국고의 지원도 받았다. 정운찬 전 국무총리님, 권오규 전 부총리님, 전석재 방송인(슈카)은 따뜻하고도 힘찬 추천사로 격려해주셨다. 우리 사회에 빚을 짐으로써 서울대 경제학부 교수들은 한국 경제 혁신의 큰 책임을 안게 됐다. 한국 경제 혁신의 빚을 찾아 그 빚을 갚으려 한다.

김병연 · 이정민

CONTENTS

기업경쟁에 의한 혁신 — 이상승

공정과 혁신의 선순환 — 주병기

노동시장의 신중한 혁신 — 이정민

금융시장의 현안과 정책 — 안동현

인구문제의 해결 공간 — 이철희

가치 중심의 통상정책 — 박지형

혁신 성장과
거시경제정책

김소영 서울대 경제학부 교수

한국 경제성장 전망과
한국 경제 리스크 분석

한국 경제는 현재의 코로나19 확산세 정도를 가정하면 2021년 4% 정도의 성장률이 나올 가능성이 크다. 2022년의 경우 불확실성은 더 크지만 3% 내외의 성장률이 예상된다는 의견이 많다. 최근 코로나19 확산세가 심상치 않기는 하지만 2020년에 코로나19가 최초로 확산됐을 때 엄청난 경제적 파장이 있었던 것과는 다를 것으로 보인다. 코로나19 확산 이후 1년 8개월 정도 시간이 지난 시점에서 현재는 경제 주체들이 코로나19 충격에 대해 어떻게 대응해야 하는지 어느 정도 알게 됐다. 이를 고려하면 델타 변이 사태가 진행되어도 경제적 파급 효과는 2020년 충격에 비해 제한적일 것으로 본다.

2021년 4%대 성장 기여분의 절반은 기저효과다. 나머지 절반은 엄청난 규모의 확장 재정정책과 이례적인 통화 완화정책에 기인한다. 그런 점에서 경기부양책 종료 시 한국 경제의 성장률이 둔화될 가능성이 높다. 이미 코로나19 사태 이전부터 한국 경제의 저성장 기조가 굳어질 것에 대한 우려가 있어왔고, 이와 관련하여 최근 잠재성장률 예측치가 2.5%도 안 된다는 분석도 제시됐다.[1]

코로나19 기저효과가 사라지면 우리나라 경제는 2%대 성장 추세로 회귀할 것이다. 2022년까지는 코로나19 이후 지속적인 경기부양 정책의 효과가 남아있을 수 있다. 그러나 2023년부터는 특단의 대책이 없다면 재정 및 통화정책의 효과가 사라지면서 경제가 어려워질 수 있다. 정부 지출이 지속적으로 늘고 있기 때문에 민간 부문이 위축되는 상황이 나올 수 있고, 급증한 정부부채에서 문제가 터질 수도 있다. 그동안 가계부채도 급증했고, 포스트 코로나 시대에 좀비기업 등 경쟁력이 떨어지는 산업을 구조조정하는 문제 역시 남아있다.

최근 물가 급등 현상과 델타 변이 사태 등으로 스태그플레이션 (경기 침체에 물가 급등이 겹친 현상)이 올 가능성에 대한 우려가 제기되고 있다. 그러나 근본적인 의미에서 스태그플레이션이 올 가능성은 크지 않다고 본다. 당장은 코로나19 사태가 악화된다면 경기는 더 안 좋아질 것이고 결국 그로 인해 물가 상승 압력은 낮아지게 된다. 코로나19 사태가 진정되어 경제가 회복된다면 공급 비용, 즉 원자재 가격과 국제 유가상승 등으로 인한 물가상승 압력이 있을 수 있다.

혁신 성장과 거시경제정책 | 김소영

그렇게 된다 하더라도 이는 세계 경기가 회복되면서 수요 측 요인에 의해 나타나는 물가 상승 압력으로, 공급 측 요인에 의한 유가 상승으로 나타나는 전형적인 스태그플레이션 상황과는 다른 측면이 있다.

인플레이션 상승 기조 또한 앞으로의 경기 회복 속도와 정책 정상화 속도에 좌우될 것이다. 다만 올 하반기 이후에는 지속적으로 인플레이션 압력이 발생할 가능성이 크다. 경제가 회복하면서 발생한 수요 측 물가 상승 압력이 물가에 반영될 가능성이 있고, 코로나19 이후 급격히 늘어난 유동성 또한 물가 상승 요인으로 작용할 수 있다. 실제로 2021년 7월 소비자물가가 2.6%까지 올라갔는데 이런 추세가 금방 사라질 것으로 보기는 어렵다. 이를 감안하면 2021년 연간 소비자물가 상승률은 현재 정책 목표치인 2%를 넘길 것으로 본다.[2]

결국 한국 경제가 직면한 가장 큰 리스크는 코로나19 대응과 관련된 리스크다. 당장 코로나19로 인한 어려움을 어떻게 극복할 것인지가 중요하고, 그다음에는 코로나19 이후 경제를 정상화하는 문제가 남아있다. 코로나19가 진정된 이후 그동안 경제 각 부문에 쌓인 부채 등의 정상화 및 구조조정 관련 리스크가 클 것으로 본다. 코로나19에 대응하느라 급증한 가계부채와 정부부채 증가 속도를 정상화해야 한다. 또한 늘어난 정부 지원으로 인해 낮은 경쟁력에도 불구하고 정리되지 않은 자영업자와 좀비기업의 구조조정도 해야 한다. 즉 코로나19 이후 어려워진 부문을 경제 정상화 이후에 어떻게 구조조정해서 신산업으로 갈아탈 수 있게 할 것인가가 중요한 당면 과제다. 산업조정뿐 아니라 조정 대상 산업 종사자들을 좋은 산업, 신산업에서 일할 수 있도록 원활히 이동시킬 수 있어야 한다.

중장기 한국 경제 전망:
저성장과 고령화

　먼저 저성장은 한 국가가 성장하는 과정에서 나타날 수밖에 없는 현상이다. 예컨대 한 국가의 본격적인 경제발전이 이루어지는 초기에는 자본이 축적되어(예를 들어 공장을 건설하는 등) 성장이 이루어진다. 이 단계에는 기존에 별로 없던 공장이 생겨나면서 생산이 이뤄지기 때문에 공장 건설의 효과가 크고 성장률이 높게 나타난다. 하지만 이후 자본축적이 점점 진행되면서 성장 속도가 점차 느려진다. 한계생산 체감이라고 부르는 것으로, 이미 공장이 많은 상태에서는 추가적으로 공장을 건설해도 그 효과가 적다는 것이다. 이는 대부분의 선진국에서 이미 나타났던 전형적인 현상으로, 이를 막으려면 자본의 축적만으로는 어렵고, 결국 새로운 혁신이나 기술 발전이 이루어져 발전되는 새로운 성장 방식이 필요하다.

간단한 성장 이론에 따르면 자본이 충분히 축적된 이후에는 기술 발전 속도와 경제성장 속도가 비슷해진다. 예를 들어 미국의 경우 코로나19 이전 연간 경제성장률이 2~3%씩 나왔는데 이는 미국의 기술성장 속도가 2~3% 정도 되기 때문이라 볼 수 있다. 결국 우리도 성장하려면 기술 발전 속도를 늘려야 한다. 즉 근본적인 저성장 대책은 기술 혁신과 발전, 생산성 향상이다.

저성장의 원인 중 고령화도 거론되는데, 고령화에 대한 직접적인 대응으로 고령인구 활용에 대해서도 생각해봐야 한다. 요즘은 65세 이상 어르신들도 충분히 일을 할 수 있다. 즉 노인 기준 연령의 점진적인 현실화가 필요하다. 다만 노인 기준 연령이 올라가면 어르신들이 청년 일자리를 뺏는다는 비판이 나올 수 있다. 이를 고려해 고령 인구의 경험을 활용하면서 고용 비용을 상대적으로 낮추는 임금피크제 등을 활용하는 것도 고려할 수 있다. 청년과 고령자가 할 수 있는 직업의 차별화도 필요하다.

고령화 리스크 완화 대안:
대외투자 활성화

　고령화 리스크를 완화할 수 있는 또 다른 대안은 금융자산 축적과 투자이다. 우리가 늙어도 금융자산이나 금융 소득이 많으면 걱정 없듯이, 국가 전체적으로도 대외 금융자산과 이에 대한 소득이 많으면 도움이 되는 측면이 있다. 이를 위해서는 대외투자를 활성화해야 한다. 그냥 투자하는 것도 중요하지만 해외 고위험, 고수익 투자처에 장기적으로 투자하는 게 장기적으로 수익이 크다는 인식이 확산되어야 한다. 일례로 1980~2019년 각국 국제투자 대조표를 분석해 개별 국가 국민들이 해외 주식, 채권 등 대외자산에 투자해 얻은 수익률을 분석한 연구에서 한국은 지난 40년간 대외자산에 투자하는 동안 연평균 3%씩 손실을 본 것으로 나왔다. 미국(3.5%), 일본(0.5%) 같은 선진국은 물론, 멕시코(-0.58%), 필리핀(-0.78%), 인도(-1.62%)를 비롯한 신흥국과 비교해도 크게 밀리는 성적이다. 다른 신흥국과 비교해도 한국의 대외자산 수익률이 낮다는 것은 우리나라가 효율적으로 투자하지 못하고 있다는 얘기다.

결국 이른바 '서학 개미'가 더 많이 늘어나야 한다. 코로나19 사태로 이미 글로벌 금융거래가 더 많아지고 있다. 국제 금융거래는 비대면으로 이루어질 수 있고 정보통신IT 기술이 쉽게 접목될 수 있기 때문이다. 특히 한국은 국내총생산GDP 대비 대외 금융자산, 부채 비중이 아직 경제협력개발기구OECD 평균의 3분의 1 수준으로 앞으로 대외자산과 부채가 더 크게 늘어날 여지가 있다. 여기에 미 · 중 무역전쟁 등 통상환경 악화에 따라 교역으로 돈 벌기도 어려워졌다. 과거에는 무역 흑자를 통해 대외투자 손실을 만회할 수 있었으나, 이제는 국제 금융 투자 수익을 높이는 게 더욱 중요해졌다.

대외투자 활성화를 위한 정책 지원에 대해서는 한국 주식투자와 비슷하게 해외 주식투자 과세를 완화하는 방안을 고민해볼 수 있다. 한국의 경우 아직은 무역수지가 흑자여서 돈이 계속 들어오는 상황이니 이를 활용해, 해외 고수익 투자처를 넓혀갈 수 있도록 세금, 제도 등을 보완해야 한다. 정부가 해외 주식투자를 더 장려하는 것도 바람직하다. 관련하여 연기금 수익률 평가 방식도 바꿔야 한다. 해외 주식과 대체투자 등 고수익 부문으로 뻗어나갈 수 있도록 수익률에 대한 평가를 보다 장기적인 관점에서 할 필요가 있다.

혁신 성장과 거시경제정책 | 김소영

한국의 정책 진단:
통화정책 및 재정정책

통화정책 진단: 금리인상과 고용안정 정책목표

미국은 연내 테이퍼링을 시작할 가능성이 크다. 한국의 경우 한은의 금리인상 효과는 크지 않을 것으로 보인다. 현재 수준에서는 기준금리를 1%까지 올린다고 해도 여전히 완화 기조다. 그런 점에서 기준금리를 0.25% 올린다고 크게 영향은 없을 것이다. 그동안 한은이 금리인상에 대한 언급을 많이 했고, 이미 장기금리에도 어느 정도는 반영이 된 것으로 보인다. 금리가 상승하면 가계부채 이자 상환 부담이 커지게 되나, 현재로서는 가계부채 증가 속도 또한 줄여야 한다. 장기적으로는 기준 금리가 올라야 가계부채 증가 속도가 줄어들 수 있기 때문에 큰 문제라고 보긴 어렵다. 종합하면 약간의 악영향은 있겠으나 성장률에 큰 영향을 줄 정도는 아니다.

일반적으로, 장기적으로 유지 가능한 금리 수준은 잠재성장률에 물가상승률을 더한 것보다 약간 낮은 수준 정도라고 생각할 수 있다. 한국의 경우 대략 현재 잠재성장률 2%에 물가 상승률을 2% 정도만 잡아도 3% 내외는 가능한 수준으로 생각된다. 물론 당장 2022년에 기준금리가 3%까지 오르지는 않겠지만 2023년 이후에는 3%대로 갈 가능성도 열어둬야 한다. 국민들도 향후 금리 상승기에 대비하는 것이 좋을 것 같다.

최근 한은의 정책 목표에 고용안정을 추가하는 입법 논의가 진행 중이다. 그러나 당장은 고용안정을 정책 목표로 추가하지 않는 게 낫다고 본다. 고용안정 책무가 명시적으로 들어가면 고용안정을 위해 경기부양에 신경 쓰다가 인플레이션 문제가 생길 수 있다. 한국은 이미 인플레이션 압력이 발생하고 있는 상황이다. 또한 한은의 정책 목표에는 물가안정도 있지만 금융 안정도 포함되어 있다. 자산 가격과 가계부채 수준이 높은 현 상태에서는 금융 안정을 도모해야 하는데 경기부양을 더 하게 되면 장기적으로 더 위험할 수 있다.

고용 지표는 경기 후행 지표인 데다 한국의 경우 고용 자료의 질이 떨어지는 문제도 있다. 결국 한은이 정책 수립 시 현재의 경기 상황을 제대로 반영하기가 어렵게 된다. 전 세계적으로도 중앙은행의 정책 목표에 고용안정을 추가하는 조치는 아직 일본, 유럽 등 선진국들도 하지 않았다. 미국의 경우 예외이나 미국은 과다한 경기부양을 하면 안 된다는 상황을 잘 이해하는 국가라는 점에서 다르다.

자산시장 안정

금융시장 안정과 관련하여 최근 주식과 부동산 등 자산 가격의 급등으로 한국의 자산 시장이 버블인지에 대한 논의가 있다. 사실 현재 자산 시장이 버블인지 여부를 판단하기는 쉽지 않은 문제다. 한 가지 명확한 사실은 자산 가격이 단기간에 급격히 증가했다는 것이다. 단기간에 급등했다는 것은 그만큼 다시 내려갈 가능성도 충분히 있다는 점에서 리스크가 있다. 게다가 앞으로 통화정책 정상화 과정에서 자영업자, 기업 도산 등 신용 리스크가 발생하면 큰 하방 리스크가 현실화될 가능성도 있다. 최근 주식시장의 경우 주식 가격이 올라가는 것을 당연하게 생각하는 기류가 팽배한데, 문제는 앞으로는 조정이 될 가능성이 있다는 것이다. 결국 국민들도 향후 자산 가격이 하락할 수 있다는 가능성을 염두에 두고 대비를 해야 한다.

부동산 시장을 살펴보면 지금의 부동산 시장은 추가 공급이 거의 없고, 수요 측면에서도 사람들이 원하는 부동산은 적은데 팔기도 쉽지 않은 상황이다. 아직 부동산 가격은 상승세에 있는 것으로 보이는데, 역시 시간이 지나면서 조정될 가능성도 배제할 수 없다.

정부의 부동산 정책에 대해서는 부동산 정책 목표를 바꿔야 한다고 본다. 문재인 정부는 집값을 안정화시키는 데 전적으로 실패했다. 게다가 집값 안정화가 능사는 아니다. 집값이 안정화되더라도 국민들이 세금 부담과 근거 없는 규제 때문에 집을 살 수도 팔 수도 없고 이사도 마음대로 못 가는 상황이 발생한다면 이는 결국 실패한 정책이다. 즉 집을 소유한 사람, 집을 소유하지 못한 사람을 포함한 모든 국민들이 보다 좋은 주거환경에서 편하게 살 수 있도록 하는 데 정책 목표가 맞춰져야 한다. 그런 점에서 가격안정화가 그러한 목표의 수단이 될 수는 있어도 그 자체가 목적이 될 수는 없다. 목표 자체가 완전히 잘못되어 있기 때문에 국민 기대에 부합하지 못하는 정책이 나올 수밖에 없다.

재정정책 진단: 통화정책과의 조화, 재정건전성 확보

최근 확장적 재정정책 시행 중 금리인상을 추진하는 것을 두고 두 정책 간 엇박자 논란이 불거졌다. 통화정책과 재정정책의 주요 차이점은 통화정책은 경제 전체를 대상으로 하는 정책이고, 재정정책은 부문별 집행이 가능한 정책이라는 점이다. 현재 코로나19 사태

혁신 성장과 거시경제정책 | 김소영

가 경제에 미치는 파급영향은 비대칭적이다. 코로나19 때문에 불편하기는 하지만 대다수는 상대적으로 버틸만한 데 비해 대면 서비스업 등 특정 부문이 크게 고통을 겪고 있다. 이를 고려하면 통화정책은 경제 전체를 바라보고 경제 회복 흐름에 맞춰 정상화 수순(금리인상)으로 가되, 부문별로 회복이 안 된 부분에 대해 재정정책을 쓰는 게 적절해보인다. 반대로 전체 경제를 대상으로 재정정책이 과다하게 확장되어 긴축 통화정책을 해야 하는 상황이 발생할 수도 있는데 이는 적절하지 못한 정책 조합이라고 볼 수 있다.

이와 관련해 코로나19 대응을 위해 지속적으로 전체 국민을 대상으로 한 재난지원금 카드를 쓰는 건 무리라고 본다. 물론 2020년에 첫 번째 전 국민 지원을 한 것은 어느 정도 적절한 조치였다고 본다. 코로나19 타격으로 인한 상황이 워낙 어려웠고 그 효과에 대한 정확한 이해도 없었기 때문이다. 그러나 지금은 감염병 사태가 발생한 지 1년 반이 넘은 상태다. 누구에게 어떻게 악영향을 미치는지 알게 된 상황에서 더 이상의 전 국민 지원은 비효율적이라 할 수 있다. 무한대로 재정을 사용할 수 있다면 문제가 안 되겠지만, 그렇지 않고 최근 몇 년간 무분별한 포퓰리즘적인 재정 사용으로 국가부채가 급속히 증가하여 우려가 되는 상황이다. 경제 활성화 측면에서도 그 효과가 아주 크지 않다. 실제로 승수효과도 0.3 정도여서, 재난지원금을 100만 원 지급하면 실제 경제 활성화에는 30만 원밖에 활용되지 않는 것으로 나타난다. 결국 재정정책에 있어서는 선별 지원이 유효하다고 본다. 코로나19로 경제 타격이 집중된 곳에 집중 지원하자는 것이다. 사회적 거리 두기 정책의 결과에 따라 피해를 어느 정도 보상하는 것도 유효한 정책이다.

코로나19 이전부터 정부 재정건전성에 대한 우려가 있었다. 정부 재원을 마련하는 방법으로는 여러 가지가 있는데, 한은의 국채 매입과 증세를 들 수 있다. 그러나 한은의 국채 직매입은 정부가 쓰는 돈을 통화를 찍어 조달한다는 것으로 당장 한은의 독립성이 저해된다는 문제가 있다. 중앙은행이 독립적으로 통화정책을 수행해야 인플레이션 관리를 하거나 경제를 건전한 상태로 유지할 수 있다. 재정 운용 역시 방만해질 수 있다. 정부가 필요할 때마다 돈을 찍어서 방만하게 쓴 국가들은 대부분 하이퍼인플레이션(통제를 벗어난 급속도의 물가 상승)이나 외환위기를 겪었다. 그런 점에서 중앙은행의 국채 직매입은 근본적으로 위험할 수 있다.

이와 관련해 한국과 미국에서 MMT(현대통화이론)를 주장하는 학자들이 있는데, MMT는 제대로 된 경제 이론이라고 보기 어렵다. 경기부양을 위해 화폐를 계속 발행하고 대대적으로 돈을 풀어도 된다는 얘기인데 벌써 인플레이션 조짐이 보이기 시작했다는 점에서 MMT는 적용하기 어렵다. 결국 모두가 나랏돈 쓰기를 원하고, 돈을 계속 쓰면 당장 가시적인 효과는 있을지 몰라도 결국에는 큰 부작용이 따라오게 된다는 점을 유념해야 한다.

다음으로 증세와 관련해 먼저 한국 정부부채의 증가 속도가 높은 것이 문제인데 그 수준이 아주 높은 것은 아니다. 불필요한 지출을 줄일 수만 있다면 당장에는 문제가 없다. 앞서 언급한 불필요한 재난지원금, 한국형 뉴딜 같은 사업만 줄여도 정부부채가 크게 증가하지 않을 것이다. 그런 점에서 증세 또한 지금 당장 필요하다고 보긴 어렵다. 물론 저출산, 고령화로 인해 복지 지출이 늘어나고, 국민들이 보다 많은 복지를 원한다면, 이를 공론화하여 국민들과의 합의를 도출한 이후에 장기적으로 증세를 고려할 수 있을 것이다.

현재로서는 재정 건전성을 확보하기 위해서 증세나 국채 직매입보다는 재정 효율성 제고가 먼저다. 전반적으로 재정 효율화를 도모해야 하는데 이를 위해 재정 목표를 명확히 해야 한다. 재정을 지출하는데 "경기도 부양하고 가난한 사람도 구제할 수 있고 지역도 살릴 수 있으니 해야 한다"는 식의 정책은 대부분 한 가지 목표도 이루지 못하고 비용 지출만 발생할 가능성이 높다. 정확한 목표를 잡은 후 이를 이룰 수 있는 가장 효율적인 정책을 사용해야 한다.

정부 정책에 대한 제언

문재인 정부의 경제성장 정책 진단

현대 경제에서 정부가 많은 것을 관리 규제하는 경제 시스템에서는 기술의 혁신이나 발전을 정부 주도로 이뤄내기가 어렵다. 정부가 계획경제식으로 해당 분야나 산업을 미리 정확히 가려내고 키울 수 있는 역량을 갖추기란 어려운 일이기 때문이다.

문제는 최근 정부 정책을 보면 오히려 생산성 향상이나 기술 혁신을 저해하는 정책이 많다는 점이다. 대표적인 것이 최저임금의 급격한 상승을 비롯한 노동시장 정책과 한국형 뉴딜 정책, 소득주도성장 정책이다. 한국 경제는 저성장 기조가 상당 기간 유지되는 등 경제가 어려운 상태다. 이대로라면 연간 성장률이 1%대, 0%대까지 낮아질 수 있다. 또한 지난 1970~1980년대와 달리 지금은 정부 주도 물량 공세 정책을 펴서 저성장 구조를 탈피하는 것은 불가능하다. 즉 이제는 성장 전략을 바꿔야 한다.

이를 위해 정부는 한국 경제에서 기술 혁신과 발전이 이루어질 수 있도록 경제 환경과 시장을 조성해야 한다. 규제 혁신과 제도 혁신으로 시장에서 기업들의 공정하고 자유로운 경제활동이 보장되어야 혁신이 나올 수 있다. 혁신을 위해서 노동시장도 어느 정도의 유연성은 확보가 돼야 한다. 또한 혁신을 하려면 혁신을 할 수 있는 인재가 나와야 한다. 지금의 교육 체제로는 세계적인 수준의 혁신을 이룰 수 있는 인재가 나오기는 어렵다. 종합하면 전반적인 혁신 친화적 경제 환경을 조성해 혁신을 도모하여 장기 성장을 이루어야 한다는 것이다.

그러나 한국형 뉴딜 정책은 이러한 경제 환경과 시장 조성과 관련된 정책 방향 제시가 결여되어 있다. 오히려 정부 주도로 막대한 재정을 투입해 주로 공공 일자리를 만들겠다는 정책인데, 당장은 재정으로 어느 정도 유지될 수 있어도 그 다음 대책이 없다. 이런 정책은 1970년대 산업 발전기 때보다도 후퇴한 정책이라고 할 수도 있다. 당시에는 성장 산업을 강조라도 했는데 지금은 주로 공공 일자리 확충에만 방점이 찍혀있다. 결국 오히려 성장에 독이 되어 하지 않는 것이 더 나을 정책이다.

소득주도성장 정책 또한 명백히 실패한 정책이다. 임금을 올리면 노동소득이 올라가고 노동자가 돈을 써서 소비가 활성화되면서 성장을 도모한다는 정책인데, 첫 번째 단계인 노동소득 증가 효과조차도 명확히 보이지 않고 있다. 오히려 최저임금을 급격히 올리면서 상대적으로 해고된 인원이 더 많다. 최저임금 인상으로 이미 임금을 받고 있는 사람은 소득이 올라가지만, 임금을 아예 못 받는 사람이 더 많이 늘었다. 이 과정에서 중소기업과 자영업자도 타격을 입었다. 즉 소득 분배에도 실패하고, 노동소득도 안 올라가고 경제성장에도 실패했다.

따지고 보면 수요 중심의 소득주도성장론으로 지속적인 성장을 달성하는 것은 불가능하다. 성장은 기본적으로 지속적인 성장을 의미하는 것이지 한 번 잘 살고 마는 걸 의미하는 게 아니기 때문이다. 결과적으로 해당 부분에 대한 이론적 검증도 안 된 상태에서 거의 알려지지도 않은 이론을 무리하게 사용했다고 본다.

차기 정부의 경제정책에 대한 제언

역사적으로 좌파 정부는 분배와 분수효과, 우파 정부는 성장과 낙수효과에만 치중해왔다. 성장과 분배를 모두 추구했던 정부는 거의 없다. 그동안 분배를 강조하다가 역효과가 나서 성장으로 갔고, 성장으로 가다가 부작용이 나서 다시 분배로 가는 흐름이 반복됐다. 다음 정부는 성장과 분배를 모두 강조하는 방향으로 경제정책을 짜야 한다. 성장 부문에서는 규제를 개혁하고, 공정한 경쟁과 보상을 전제로 한 시장 메커니즘을 구축해 역동적 경제 생태계를 만들고 혁신을 통한 선도형 성장을 이뤄야 한다. 분배 부문에서는 어려운 계층을 단순히 지원하는 것을 넘어 기회 자체를 평등하게 만드는 데 주력하여 양극화에 따른 불만을 줄여나가야 한다.

최근 경제 현안과
정책에 대한 이론적 검토

소득주도성장, 성장과 분배[3]

소득주도성장은 국제노동기구ILO의 일부 연구자들이 연구한 임금 주도 성장wage-led growth과 관련한 이론에 근거한 것으로 보인다. 이후 2014년 홍장표의 연구와 그 외 일부 연구들에서 "소득주도성장"이 언급되었다고 한다. 소득주도성장에 대한 정의가 아주 명확하지는 않은데, 소득주도성장은 대체로 임금주도성장과 비슷한 면이 있다고 생각된다. 임금 상승이나 노동 정책, 재분배 정책 등을 통해 노동소득을 증가시키고 소득 재분배를 통해 경제성장을 이루겠다는 것으로 볼 수 있다.

소득주도성장의 기본 내용은 다음과 같다. 먼저 임금 소득과 저소득층의 소득을 증가시켜 총소비와 총수요를 증가시킨다. 총수요의 증가는 생산과 소득을 증가시켜 다시 총소비와 총수요를 증가시키는 선순환으로 이어진다. 이것이 지속되면 경제성장을 이룩할 수 있다는 생각에서 출발한 것으로 보인다. 지출 의도에 비해 소득이 부족한 근로자의 경우 한계소비성향이 자본가의 한계소비성향보다 상대적으로 클 수 있다. 이때 임금 증가 등으로 노동소득이 자본 소득에 비해 상대적으로 더 많아지면 노동자의 소비 증가가 자본가의 소비 감소보다 더 커서 전체 경제의 소비와 총수요가 증가할 수 있다. 또한 저소득층의 소득이 증가한다면 고소득층의 소득이 그만큼 감소하더라도 저소득층의 한계소비성향이 고소득층의 한계소비성향보다 더 커서 결국 전체 경제의 소비와 총수요가 증가할 수 있다.

이러한 소득주도성장과 관련하여 다양한 반론이 제기되었는데 다음과 같다. 첫째, 임금이 증가하게 되면 고용주는 고용을 줄이게 될 것이고, 결국 임금은 증가해도 고용이 줄어, 전체 임금 소득 또는 노동소득이 증가한다는 보장이 없다. 둘째, 임금이 증가하는 경우 고용주들의 입장에서 생산 비용이 증가하게 된다. 고용주들은 이러한 비용 상승을 제품 가격에 반영시킬 수 있다. 셋째, 고용주들이 임금 증가로 인한 비용을 제품 가격에 반영시키지 못하는 경우 이윤이 감소하게 되고 투자와 생산이 감소할 수 있다. 또한 제품 가격에 반영되더라도 가격 상승으로 수요가 하락하는 경우 생산이 감소할 수 있다. 넷째, 개방 경제 여건하에서 임금 인상으로 인한 기업의 생산 비용 상승은 국제시장에서 국내 기업의 경쟁력 하락으로 이어져 결국 수출 감소 및 총생산과 총소득 감소로 이어질 수 있다. 다섯째, 소득주도성장의 기본 경로는 노동소득이 자본 소득에 비해 상대적으로 많아지거나 저소득층 소득이 고소득층 소득에 비해 상대적으로 많아지는 경우 한계소비성향의 차이로 인해 총소비와 총소득이 증가한다는 것이다. 문제는 이러한 효과가 실증 자료에서 명확하게 나타나고 있지 않다는 점이다.

보다 근본적인 문제는 경제학에서 경제성장은 장기적이고 지속적인 경제의 성장을 의미하지만 소득주도성장 이론 자체는 그러한 성장과는 관련이 없다는 점이다. 소득주도성장은 수요 측면 주도로 지속적인 경제성장을 달성하자는 것으로 보이는데, 경제학적 관점에서 수요 측면 주도로 지속적이고 장기적인 성장을 달성하기는 쉽지 않다. 대부분의 경제성장 이론에서는 장기적이고 지속적인 경제성장을 위해 공급 측면을 강조한다. 생산 요소인 자본과 노동을 지속적으로 축적하거나, 지속적인 기술 발전을 통해 주어진 생산요소를 보다 효율적으로 사용할 수 있도록 생산성을 제고하여 지속적인 생산량 증가를 달성하게 된다. 특히 장기적이고 지속적인 발전을 위해서는 기술 발전, 지식수준 제고 등을 통한 생산성 향상이 필수적이다.

현재 한국의 경제 상황을 판단해보면 경제성장 여력 감소와 분배적 위기의 두 문제가 공존해 있는 상황이다. 한국의 경제성장 여력과 경제성장률은 지속적으로 감소해왔고, 향후에도 지속적인 하락이 예상되고 있다. 또한 다양한 사회 양극화 문제와 분배 악화 문제 또한 한국 경제의 중요한 문제이다.

소득주도성장은 우리가 당면한 두 가지 문제(분배와 성장)를 연결시켜 논의하고 있다. 소득주도성장은 특히 분배 문제의 개선을 통해 경제성장 문제를 해결하겠다는 의도로 생각된다. 하지만 총수요의 진작이 장기적이고 지속적인 경제성장으로 이어지기는 쉽지 않다. 물론 불평등이 심화되는 경우 사회갈등이 심화되고 사회 불안정성이 증폭되어 투자를 위축시키고 기술개발을 저해할 수 있다는 측면에서 분배의 개선이 경제성장에 중요한 영향을 미칠 수 있다. 또한 분배가 악화되는 경우 저소득자의 교육 기회가 상실되고 저소득자의 인적자본 축적이 저해되어 경제성장에 악영향을 미칠 수 있다. 하지만 경제성장 여력과 경제성장률의 지속적인 제고를 위해, 분배 문제의 개선이 가장 중요한 해법이라고 보기는 어렵다.

현재 한국의 경제성장률이 지속적으로 하락하는 주요 이유는 주로 공급 측 요인이라고 볼 수 있다. 한국은 과거에 주로 자본 축적을 통해서 고성장을 달성해왔다. 하지만 지속적인 자본 축적으로 한계생산 체감이 발생하여 자본 축적의 효과가 점차 감소하고 있고, 이는 경제성장률의 감소로 나타나고 있다. 또한 인구 고령화와 출산율 감소가 지속되면서 생산성이 높은 젊은 인구는 지속적으로 감소하고, 생산성이 떨어지는 고령인구가 지속적으로 증가하고 있다. 이러한 상황에서 지속적이고 장기적인 경제성장을 이룩하기 위해서는 기술 발전을 통한 생산성 향상이 필수적이다. 많은 경제성장 이론에서 경제성장률은 궁극적으로 기술 진보율 또는 생산효율성 증가율과 비슷해질 가능성이 높다고 제시된다. 즉 한국의 경제성장을 위해서는 기술 발전 속도를 높여 생산성을 향상시키는 것이 관건이다. 소득주도성장은 이와 관련하여 약간의 도움을 줄 수 있을지도 모르나 주효한 방법을 제시하기는 어렵다. 현 상황에서 경제성장률 하락 문제를 개선하기 위해서는 보다 공급 측면에 눈을 돌려 기술 수준을 향상하고 생산성을 높이려는 노력을 하는 것이 중요하다.

문재인 정부 경제정책의 세 가지 축 중 소득주도성장과 혁신 성장 두 가지 기조를 생각해보면, 이 두 가지 경제정책의 목표가 모두 경제성장에 맞춰져 있는 것으로 보인다. 혁신 성장의 경우, 성장 정책 수단을 사용하여 경제성장을 달성하는 것으로, 소득주도성장은 분배 관련 정책 수단을 사용하되 그 목표가 경제성장으로 되어 있다고 해석된다 (그림 1–1 참조). 이러한 정책 구성은 두 가지 종류의 정책 수단을 한 가지 목표를 위해 사용한다는 측면에서 비효율적일 뿐만 아니라, 분배 개선과 같은 다른 목표는 직접적인 정책 목표로 제시되어 있지 않기에 달성하기 어렵다는 큰 문제가 있다(그림 1–2 참조). 적어도 한 정책, 예를 들어 소득주도성장의 목표를 분배 개선으로 한다면, 적어도 이론적으로는 성장과 분배 두 가지 목표를 달성하는 것이 가능하다. 즉 성장과 분배 두 가지 정책 수단으로 성장과 분배를 각각의 목표로 하는 투–트랙two-track 전략이 두 가지 목표를 동시에 달성하는 데 보다 효과적이다(그림 1–3 참조). 분배와 성장의 상호작용이 중요하다면(예를 들면 분배 개선이 경제성장에 정의 영향이나 부의 영향을 미칠 수 있는 경우), 투–트랙 전략에 더해 그러한 상호 작용을 충분히 고려하여 정책을 수립하면 된다(그림 1–4 참조).

소득주도성장의 가부를 떠나서 현재 한국 경제에서 불평등의 해소와 분배 문제의 개선은 중요하다. 문제는 소득주도성장 관련 논의도

그림1 성장과 분배의 목표 달성을 위한 정책 수단

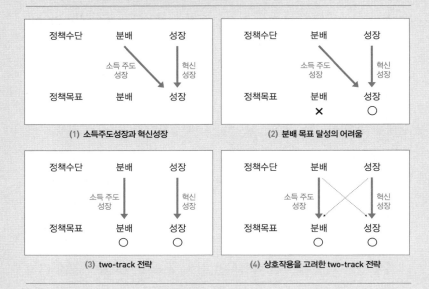

(1) 소득주도성장과 혁신성장

(2) 분배 목표 달성의 어려움

(3) two-track 전략

(4) 상호작용을 고려한 two-track 전략

경제성장의 달성 가능성이 그 주요 논란 사항이 되고 있어, 오히려 분배 개선에 대한 제대로 된 논의가 잘 이루어지지 않게 된 측면이 있다. 소득주도성장 정책이 성장이 아니라 분배를 목표로 했다면 이러한 불필요한 논란을 피할 수 있었고, 오히려 분배 개선과 관련한 보다 효과적인 논의를 할 수 있었을 것이라고 생각된다.

결국 분배 개선이라는 직접적인 목표하에 분배 문제를 원하는 수준까지 명확히 개선하고 다른 부작용이 적은 정책을 수립하는 것이 더 바람직하다. 현 상황을 보면 명확한 분배 목표가 설정되어 있지 않고 정책의 궁극적인 목표가 명확하지 않기 때문에 정제되지 않은 다양한 정책들이 난무하고 있다. 이에 따라 경제성장은 물론 분배 개선도 이루지 못하고 있는 상황이 된 것으로 생각된다. 경제학에서 항상 강조하듯이 자원은 희소하고, 특히 현 상황에서 한국 경제가 자원을 낭비할 여력은 없다. 분배를 위한 구체적인 정책을 결정하기 전에 명확한 분배 개선 목표를 세우고, 그러한 목표에 맞는 가장 적합한 정책수단을 마련해야 한다.

대외투자 수익 제고[4]

전통적인 측면에서 경제의 글로벌화는 주로 실물 부문의 글로벌화, 즉 상품과 서비스의 수출과 수입, 국제 무역의 확대를 의미해왔다. 한국은 이러한 글로벌화가 가장 많이 진행된 국가 중 하나다. 하지만 2012년까지 지속적인 증가를 기록했던 상품 및 서비스의 수출과 수입은 브렉시트, 트럼프의 무역정책 등으로 대변되는 세계적인 보호무역주 추세의 대두로 주춤하고 있다. 한국의 GDP 대비 수출 및 수입은 1990년대 중반 25% 정도에서 2012년까지 50% 이상으로 급격히 증가하였으나 이후 감소하여 현재 40% 내외를 기록하고 있다.

외국과의 경제적 관계는 전통적인 상품과 서비스의 거래 등 실물 부문의 관계 외에 금융자산의 거래 등 금융 부문의 관계도 고려할 수 있다. 예를 들어 외국인이 한국의 상품, 서비스만 구입하는 것이 아니라 한국의 주식, 채권 등 금융자산을 매입하는 경우다. 한국인도 외국

그림2 **한국의 GDP 대비 대외 금융자산, 부채 비율**

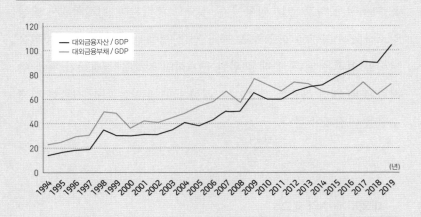

의 상품, 서비스뿐 아니라, 주식과 같은 금융자산을 매입하고 외국인에게 돈을 빌려주는 등 다양한 금융거래를 하고 있다. 한국은 1990년대 초부터 외국과의 금융거래를 보다 자유롭게 허용하기 시작했고, 이후 상당히 많은 외국 자본이 한국의 금융자산을 매입하기 위해 유입되었다. 한국도 상당한 자본이 외국의 금융자산을 매입하기 위해 외국으로 유출되었다.

외국 자본의 한국 금융자산 매입 및 한국 자본의 외국 금융자산 매입이 진행되면서 한국의 대외 금융자산과 부채의 양도 지속적으로 증가했다. 1994년 GDP 대비 10% 정도에 불과하던 한국의 대외 금융자산은 2019년 GDP 대비 100%를 돌파했고, 한국의 대외 금융 부채도 GDP 대비 25% 정도에서 70% 이상으로 급격히 증가했다. 이러한 증가세는 국제 무역의 증가세보다도 훨씬 빨라 최근 들어 상품과 서비스 무역에 따른 글로벌화보다 금융 글로벌화가 더 빠른 속도로 진행되어 왔다고 볼 수 있다. 금융 글로벌화가 진행되면서 한국이 보유한 대외 금융자산과 부채의 양은 각각 GDP 대비 100% 규모에 근접해 있는 상황이다. 이에 따라 금융자산과 부채에 대한 자본 이득, 이자, 배당 등 자산 운용 관련 수입과 지출도 상당한 수준에 도달하였다.

대외 금융자산과 부채의 가치는 수량과 가격, 환율의 변화로 인해 변할 수 있다. 이 중 가격 및 환율 변동으로 인한 가치 변동을 대외 금융자산과 부채의 가치변화 효과valuation effect라고 한다. 예를 들어 외국인이 매입한 한국의 주식 가격이 상승하는 경우, 한국의 대외 금융 부채는 그만큼 증가하게 되고, 한국이 매입한 외국의 달러화 채권의 경우 원-달러 환율이 상승하게 되면 원화 기준 대외 금융자산이 증가하게 된다.

이러한 대외 금융자산 부채의 가치변화 효과의 크기는 점점 증가해왔다. 지난 20년간 가격 변동과 환율 변동으로 인해 대외 금융자산과 부채의 가치가 변동한 부분은 연평균 GDP 대비 약 2.1%에 달한다. 문제는 한국이 외국에 투자한 금융자산 가격의 순증가분 때문에 발생한 대외 금융자산 가치의 순증가분보다 외국이 한국에 투자한 금융자산 가격의 순증가분 때문에 발생한 금융자산 가치의 순증가분이 상당히 커서 그 액수가 GDP 대비 약 1.46%에 달한다는 것이다. 또한 한국의 지난 1995년 이후 투자 소득 수지의 연평균은 GDP 대비 −0.18%에 달한다. 같은 기간 동안 한국의 경상수지는 연평균 2.66%

정도로 GDP 대비 흑자로 나타나고 있는데, 이러한 경상수지 흑자로 한국은 막대한 국부를 쌓을 수 있었음에도 불구하고, 국가 전체의 자산 운용의 손실로 인해 그러한 수입의 2/3 정도의 국부를 해외로 유출했다고 해석할 수 있다.[5]

이러한 현상이 나타난 것은 대외 금융자산과 대외 금융 부채 구조 차이에 기인한 부분도 있다. 한국의 대외 금융자산 중 가장 많은 부분을 차지하고 있는 것은 외환보유액이다. 외환보유액은 주로 달러 유동성 위기 대비 목적으로 미국 단기 정부 채권과 같은 유동성이 크고 수익률이 낮은 자산으로 이루어져 있다. 반면 대외 부채의 경우 가장 많은 부분을 차지하고 있는 것이 지분성 증권이다. 지분성 증권은 위험 자산으로 평균적인 수익률이 더 높을 수 있을 뿐 아니라 장기 보유하게 되면 유동성 자산과의 수익률 차이는 더 커진다. 즉 한국의 대외 금융자산과 부채의 구조가 다르게 된 것은 달러 유동성 위기 대비 외환보유액 보유가 필수적이기 때문에 발생한 측면도 있다. 하지만 최근 해외 지분 증권투자와 직접투자가 증가했음에도 불구하고, 외환보유액을 제외한 상태에서 한국의 대외 금융자산 중 수익률이 높을 가능성이 큰 자산의 비중은 여전히 낮다. 향후 국가 전체 포트폴리오 운용에 관한 연구와 개선책 마련이 필요하다.

과거 한국 경제는 국제 무역을 통해 고성장을 견인하였으나 코로나19 사태 등으로 향후 자유로운 국제무역이 어려워지면서 국제금융 투자 수익을 제고하는 것이 더 중요해졌다. 인구 고령화, 성장 동력 약화 등으로 경제성장률이 저하되는 상황도 국제금융 투자 수익 제고의

그림3 세계 각국의 대외자산, 부채의 평균 수익률과 수익률의 표준편차

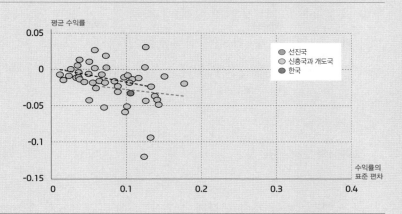

중요성을 높이는 요인이다. 개별 투자자와 개별 기관 입장에서도 저성장으로 인한 국내 수익률 감소를 해외 투자를 통해 제고하려는 노력도 중요하다.

이와 관련하여 Kim·Min(2020)은 1971년부터 2011년까지 188개국 자료를 이용하여 대외 금융자산과 부채의 가치변화 효과를 추정했다. 분석 결과 최근에는 이러한 가치변화 효과가 경상수지보다 더 큰 변동성을 나타내고 있다. 또한 대외자산 또는 대외순자산이 클수록, 위험 자산의 비중이 높을수록 그 효과가 커진다는 결과를 보여주었다.

Kim·Yang(2020)은 대외자산과 부채의 수익률을 계산한 결과 선진국들의 수익률이 신흥국, 개도국들의 수익률보다 더 큰 것을 발견하였다. 또한 수익률의 표준편차와 평균 수익률로 평가한 결과 선진국

들의 포트폴리오 포지션이 신흥국 및 개도국들의 포트폴리오 포지션보다 더 효율적이라는 것을 발견하였다. 특히 한국의 경우 선진국들보다 비효율적일 뿐 아니라 다른 신흥국, 개도국들과 비교해도 더 나은 수준이 아니라는 것을 발견하였다.

통화정책 고용 목표[6]

최근 한국은행의 정책 목표에 고용안정 등 실물 목표를 추가해야 하는지에 관한 논의가 진행되었다. 이와 관련하여 김소영·이예일 (2021)은 주요 선진국들의 사례를 참고하고 한국 경제의 상황을 적절히 고려하여 다음과 같은 결론을 도출하였다.

먼저 통화정책에서의 고용 목표의 의미와 한계를 명확히 할 필요가 있다. 중앙은행의 정책 목표로서 고용안정은 장기 균형 수준의 고용에서 벗어날 때 장기 균형 수준에 도달하기 위한 것으로 단기적인 경기 안정화 측면의 고용안정을 뜻한다. 장기적이고 지속적인 고용의 창출은 한은의 직접적인 목표라 하기 어렵다. 또한 노동시장에 직접적으로 영향을 미치는 미시적 노동 정책, 조세 재정정책 등과도 다르다. 고용 목표를 이미 도입한 미국, 호주 등도 그러한 의미에서의 완전고용을 목표로 하고 있다.

저성장, 저물가와 더불어 물가와 고용 또는 성장과의 상충 관계 약화 등 변화하는 경제 여건에도 불구하고, 실물 안정 목표 도입과 관련된 우려는 여전히 존재한다. 물론 실물 부문의 안정화 목표를 추가적으로 고려하여 후생을 증가시킬 수 있다. 또 한국은행의 실물 부문 안정화 노력에 대한 법적 근거를 명확히 하는 데도 도움이 될 수 있다. 그러나 먼저 코로나19 사태 이후 인플레이션 압력 증가 가능성, 향후 성장과 물가의 상충 관계 회복 여부, 최적 통화정책과 물가안정 중시 통화정책 간 차이가 크지 않을 수 있는 점 등을 종합적으로 고려해야 한다. 인플레이션의 비용이나 성장과 물가의 상충 관계를 과소평가하거나 장기적인 안목이 부족한 경우 과도한 실물 경기부양으로 이어질 수 있고, 이는 인플레이션 급등에 일조하며 후생을 급격히 감소시킬 수 있다. 이 외에 최근 실물과 금융의 괴리 현상이 나타나고 있어 금융 안정과 실물 부문 목표가 상충되는 측면도 존재한다. 적정 수준 이상의 경기 활성화가 신용과 자산 가격의 지나친 상승을 유도하여 궁극적으로 문제가 발생할 가능성이 있다. 많은 목표를 설정하게 되면 정책의 투명성이 감소하고 정책의 자의성과 불확실성이 확대될 수 있다는 측면도 유의해야 한다.

금리 정책과 같은 통화정책의 전통적인 역할은 경기 안정화라고 볼 수 있다. 통화정책의 효과도 고용보다는 경기에 미치는 영향이 더 직접적이다. 반면 고용의 경우 비경기적 요인에 많은 영향을 받는다. 여기에 전통적인 고용 자료의 한계와 보완에 관한 추가적인 연구가 필요한 상황이다. 즉 한국은행의 목표로서 실물 경기 안정화가 고용 안정보다 더 적합할 수 있다.

이러한 점을 고려하여 일본이나 유럽의 중앙은행과 같이 실물 정책 목표 도입을 유예하는 것도 가능하다. 추후 다른 중앙은행의 변화를 예의 주시하고, 향후 인플레이션 압력 발생 여부, 성장과 물가의 상충 관계 변화 여부, 금융과 실물의 괴리 현상의 지속 여부 등 향후 경제 상황을 모니터하면서 시간을 두고 지속적으로 고민해보는 것도 가능해보인다.

당장 실물 목표를 도입한다면, 앞서 언급한 부작용을 최소화할 수 있도록 물가안정을 우선적으로 고려하는 계층적 책무를 도입하는 것이 바람직하다. 계층적 책무를 도입하는 경우 "물가안정을 해치지 않는 범위에서" 등을 명시할 필요가 있고, 금융 안정과의 관계도 고민해봐야 한다.

고용안정 목표를 도입하더라도 미국, 호주 등과 같이 추가적인 정책 수단을 도입하기는 어려울 것으로 보인다. 실물 안정화에 대한 통화정책은 금리 정책 등 거시적 경기 안정화 정책인데, 한은은 이미 이러한 정책수단을 가지고 있다. 그 외 미시적, 재정적 노동시장 정책은 중앙은행에서 담당해야 할 명확한 이유가 없다. 또한 고용안정 목표를 인플레이션 타깃과 같은 방식으로 특정 지표를 사용하여 명확한 수치적 목표로 설정하는 것은 적절하지 않다. 고용안정의 경우 장기 균형치 제시가 필요한데, 이에 대한 불확실성이 상당히 존재할 뿐 아니라 각종 고용지표 자체도 한계를 갖고 있기 때문이다. 통화정책이 노동시장에 갖는 영향력에도 한계가 있다. 고용 목표를 이미 명시한 다른 국가들의 경우에도 고정된 수치적 목표를 갖고 있지 않다. 결국, 고용안정 목표의 의미 등을 명시하고, 장기 전망 구간 등을 제시하는 정도로 시장과의 소통을 도모하는 수준이 바람직하다.

고용 목표 도입과 관련하여 노동시장 여건에 대한 한국은행의 판단이 중요해지는 만큼, 한국은행은 노동시장 및 실물 경기에 대한 연구를 강화하고 다양한 지표를 활용하고 개발할 필요가 있다. 이와 관련하여 현재 고용노동부와 통계청이 작성하고 있는 노동시장 통계에 대해 한국은행의 접근성이 강화될 수 있도록 하는 제도적 뒷받침도 필요하다.

기축통화국과 비기축통화국 간 재정 여력 차이

최근 국가부채의 규모에 관한 논란이 일고 있다. 정부는 국가채무의 GDP 대비 비율에 대해 OECD 국가 평균과 비교하여 그 규모가 작아 재정 여력이 충분하다고 주장하고 있다. 하지만 OECD 국가들의 대부분은 기축통화국으로 한국과 같은 비기축통화국과 직접 비교를 하는 것은 무리다. 김소영(2021a)은 이와 관련하여 기축통화국과 비기축통화국 간 재정 여력 함의가 어떻게 다른지 다뤘다.

기축통화key currency, vehicle currency는 국제간 상품 거래, 금융거래 등의 결제 수단으로 많이 사용되는 통화다. 국제간 거래와 관련된 다양한 자료를 기반으로 기축통화를 분류해보면 미국 달러, 유로화, 일본 엔화, 영국 파운드화, 캐나다 달러화, 호주 달러화, 중국 위안화, 스위스 프랑 등의 통화들이 주요 기축통화라고 할 수 있다.

기축통화의 가치는 안정적인 경향이 있고, 해당 국가의 경제적 여건도 상대적으로 좋은 경우가 많다. 상시 국제 거래를 위해 기축통화를 일정 규모 이상 보유하는 경우가 많은데, 기축통화는 국제 거래뿐 아니라 안전 자산의 역할을 하여 이에 대한 수요는 비기축통화에 대한 수요보다 월등히 많다. 이러한 수요는 현금 수요뿐 아니라 기축통화 표시의 예금 및 채권 등 다양한 금융 상품에 대한 수요를 포함한다. 특히 기축통화국이 발행한 기축통화 표시 정부 채권의 수요는 상당히 많다. 외환보유액, 투자 수요 등이다. 특히 국제 금융시장이 점점 더 통합화되고 국제 자본 이동의 변동성이 더욱 커지면서 외환보유액에 대한 수요는 급격히 증가해왔고, 이는 기축통화국이 발행한 기축통화 표시 정부 채권에 대한 수요 급증을 의미한다.

반면, 비기축통화국의 경우 기축통화국에 비해 정부 채권에 대한 수요가 훨씬 제한적이다. 다른 조건이 동일하다면 기축통화국에 비해 더 낮은 수준의 GDP 대비 정부부채 비율에 도달했을 때에도 정부 채권의 위험도가 증가하고 리스크 프리미엄이 상승하며 이자율이 상승하는 현상이 나타날 수 있다. 다만 GDP 대비 정부부채 비율이 어떠한 수준에 도달했을 때 크게 문제가 되는지, 재정 여력이 얼마나 남아 있는지 등에는 대해서는 다양한 요인이 영향을 미칠 수 있기 때문에, 기축통화국과 비기축통화국의 구분만이 중요한 요인이라고는 할 수 없다.

하지만 비기축통화국인 한국의 경우에는 정부 채권에 대한 수요가 원천적으로 다른 기축통화국들에 비해 훨씬 적으므로, 기축통화국들

표1 OECD 국가별 GDP 대비 정부 채무 비율(2001~2019년)

국가	2001	2004	2007	2010	2013	2016	2019
호주	17.2	11.9	9.7	20.4	30.5	40.5	46.3
오스트리아	66.4	64.8	64.7	82.4	81	82.6	70.3
벨기에	108.2	97.2	87.3	100.3	105.5	104.9	98.7
캐나다	81.5	71.9	66.9	81.2	86.1	91.7	88.6
칠레	14.5	10.3	3.9	8.6	12.7	21	27.9
콜롬비아	41.1	41.5	32.7	36.5	37.6	49.8	52.3
체코	22.7	28.4	27.3	37.1	44.4	36.6	30.2
덴마크	48.5	44.2	27.3	42.6	44	37.2	29.4
에스토니아	4.8	5.1	3.8	6.6	10.2	9.1	8.4
핀란드	40.9	42.6	33.9	46.9	56.2	63.2	59
프랑스	58.3	65.9	64.5	85.3	93.4	98	98.1
독일	57.9	65	64	82.4	78.7	69.2	59.5
그리스	107.1	102.9	103.1	146.3	177.9	181.1	180.9
헝가리	51.7	58.3	65.2	80.6	77.4	75.5	66.3
아이슬란드	42.4	32.7	27.1	85.4	81.8	51.2	37
아일랜드	33.2	28.2	23.9	86	120.1	74.2	57.3
이스라엘	83.7	91.2	73	70.6	67.1	62.1	60
이탈리아	108.9	105.1	103.9	119.2	132.5	134.8	134.8
일본	146.8	171.6	175.3	207.7	232.2	236.4	238
한국	17.2	22.4	27.4	29.5	37.7	41.2	41.9
라트비아	17.5	14.2	8.1	46.8	39.4	40.2	36.8
리투아니아	22.9	18.7	15.9	36.3	38.7	39.9	37.7
룩셈부르크	7.7	7.9	8.2	20.2	23.7	20.1	22.1
멕시코	39.3	40.8	37.2	42	45.9	56.7	53.7
네덜란드	48.2	49.1	42	59.4	67.8	61.9	48.4
뉴질랜드	28.2	22.5	16.3	29.7	34.6	33.5	31.5
노르웨이	27.3	44	49.7	43.2	31.6	38.1	41.3
폴란드	37.1	45.1	44.5	53.5	56	54.3	46
포르투갈	53.4	62	72.7	100.2	131.4	131.5	117.7
슬로바키아	51.1	41.7	30.3	41	54.7	52	48
슬로베니아	26.1	26.9	22.8	38.3	70	78.7	66.1
스페인	54.1	45.4	35.8	60.5	95.8	99.2	95.5
스웨덴	51.8	48.5	39	38.1	40.2	42.3	34.8
스위스	52.6	59.3	45.8	42.5	43	41.9	42.1
터키	75.5	57.2	37.8	39.7	31.2	28	33
영국	34	38.4	41.5	74.6	84.2	86.8	85.4
미국	53.1	66.1	64.7	95.5	104.9	106.6	108.7

출처: IMF World Economic Outlook, 2020년 10월호

혁신 성장과 거시경제정책 | 김소영

과 GDP 대비 정부부채 비율을 비교한 후 GDP 대비 정부부채 비율이 이들 국가에 비해 낮기 때문에 재정 여력이 풍부하다는 결론을 내리는 것은 무리한 결론일 뿐 아니라 위험한 결론일 수도 있다.

OECD 37개국 중 미국, 영국, 캐나다, 호주, 스위스, 일본과 유로화 등 대표적인 기축통화를 사용하는 국가들은 23개국이다. IMF World Economic Outlook의 일반 정부부채 2019년 자료를 보면, OECD 37개국 중 기축통화를 사용하는 23개 국가들의 GDP 대비 정부부채의 비율은 평균 80.4%이고 나머지 14개 비기축통화국의 GDP 대비 정부부채의 비율은 평균 41.8%로 기축통화국이 비기축통화국에 비해 그 비율이 2배 정도 높다.

비기축통화국들 중 헝가리를 제외하고는 GDP 대비 국가부채 비율이 60% 미만으로 상대적으로 낮은 수준을 유지하고 있다. 한국의 GDP 대비 국가부채 비율이 OECD 평균보다 낮다는 논의가 있다. 그러나 한국은 비기축통화국으로, OECD 중 한국과 같은 비기축통화국들과 비교하면 결코 낮은 수준이 아니며 평균 정도 수준이다. 2019년 자료를 토대로 이와 같은 결론을 내릴 수 있는데, 2020년과 2021년 그리고 이 이후에도 적자 재정이 예상되는 상황이어서 조만간 한국의 국가부채 비율이 OECD 비기축통화국들에 비해 높은 수준에 이를 것으로 전망되어 우려가 되는 상황이다.

한편 한국의 재정정책 효과 분석 등은 김소영·김용건(2020a, b) 등을 참조하면 된다.

글로벌 공급망 변화와 산업 혁신 역량

이근 서울대 경제학부 교수

새로운 국제경제 질서와
글로벌 가치사슬의 블록화

새로운 국제경제 질서의 등장

도널드 트럼프 전 미국 대통령이 촉발한 보호무역주의, 미·중 갈등 등의 소용돌이 속에서 세계 경제가 바이든 행정부 등장 이후 또한 번 변화하고 있다. 조 바이든이라는 숙련된 리더십의 등장 이후 2021년 6월 영국 콘월에서 열린 G7 정상회의에서 새로운 국제질서가 탄생했다. 트럼프 이전 세계 경제 질서의 핵심은 자유방임 세계화 즉, 가장 비용이 싼 곳에서 생산하여, 가장 세율이 낮은 곳에서 세금을 낸다는 공식이었다. 그러나 G7 정상회의에서 제시된 콘월 컨센서스는 "규범에 기반하되, 자유롭고 공정한 국제무역과 경제 시스템"의 구현을 주창했다.

여기서 제시된 규범의 핵심은 최저 법인세율의 국제적 공조와 구글 같은 플랫폼 기업에 대한 디지털세다. 특히 미국이 주장하는 법인세 공조를 유럽이 받아들이고, 유럽이 주장하는 디지털세를 미국이 받아들이는 역사적 타협을 이룬 것은, 트럼프 시대 강화된 미국과 유럽 간의 반목을 일정 부분 거둬들이는 것을 의미한다. 이는 중국이라는 공통의 경쟁상대를 의식하였기에 가능했다. 결국 글로벌 중국 견제의 연대가 시작된 것이고 이는 중국에게 상당히 불리한 국면 전환을 의미한다.

이러한 국제 지정학적 변화가 새로운 질서의 중요한 측면이다. 향후 국제정세는 G2 즉, 미국과 중국 양강의 공존과 경쟁의 시대가 될 것이다. 중국에 대한 선진국의 견제가 강화된 가운데 중국의 국내총생산GDP이 2030년대 초반에는 미국을 넘어설 것으로 보인다. 물론 바로 중국 주도의 G1이 되는 것은 아니다. 미국도 영국보다 경제 규모가 커진 후 60년 이후에야 '팍스 아메리카나'가 도래했다. 더구나 인구 면에서 미국이 중국보다 커지는 역전이 예상되는 만큼, 향후 100년이 양 강대국 공존의 시대가 될 것임을 예상할 수 있다.

글로벌 공급망 변화와 산업 혁신 역량 | 이근

글로벌 가치사슬의 블록화

새로운 경제 질서의 등장으로 예상되는 것은 글로벌 가치사슬 GVC의 블록화다. 과거 트럼프 행정부 당시 미국이 추진했던 전면적 디커플링, 즉 미국과 중국 간의 완전한 경제적 분리보다는 미국과 선진국을 중심으로 반도체 등 첨단 분야에서 중국에 의존하지 않는 미국 중심의 GVC가 구축될 것이다. 즉 글로벌 가치사슬의 부분적인 디커플링, 소수 국가와 기업 간의 동맹을 중심으로 한 블록화가 이루어질 것이다.

이러한 글로벌 가치사슬의 블록화는 산업별로 그 영향력에서 차이를 보일 것이다. 중국은 이미 전기차, 배터리, 드론, 풍력발전, 인공지능AI, 우주탐사 등에서 글로벌 선두권의 경쟁력을 구축한 상태로 이러한 분야에서는 세계 경제 질서 변화의 영향을 상대적으로 덜 받을 가능성이 높다. 다만 반도체 장비와 소프트웨어의 경우, 해당 산업에 대한 서구권의 독점적 성격이 강하고 중국에 대한 강한 견제가 예상되기 때문에 단기간에 추격을 완성하긴 어려워 보인다. 물론 중국은 서방의 선진국과는 다른 독자적인 기술 경로로 추격을 해올 것이다. 그러나 기존의 경제성장이 빠르게 이루어진 것과는 달리 그 속도가 늦춰질 가능성이 높아 아마도 이를 달성하는 데는 10년 이상이 걸릴 것이다.

그런 면에서 콘월 컨센서스라는 새로운 경제 질서의 등장으로 미국의 중국에 대한 견제는 이를 구현할 시스템을 구축했다는 점에서 일정 정도 성공했다고 볼 수 있다. 이에 대해 중국도 반反중 전선의 확대로 몸을 사리는 가운데 앞으로 양국 간 공존 속 경쟁이라는 새 질서에 동의하며 갈 가능성이 높다.

한국의 입장에서는 중국에 추월당하지 않고 기존의 주력 제조업 활동을 해나가면서 첨단산업을 육성할 수 있는 10년 안팎의 시간을 벌었다는 점에서 긍정적인 시나리오라고 본다. 다만, 콘월 컨센서스라는 새로운 질서는 과거 자유무역에 비해 비효율적인 체제인 것은 사실이다. 블록화된 GVC 구축으로 인해 전 세계적으로 자국 내 생산설비가 과잉이 될 가능성이 있다. 여기에 코로나19 장기화로 인해 물류비용이 상승하게 되면 코로나19로 인한 경기 위축과 물가 상승이 동시에 생기는 스태그플레이션이 발생할 가능성이 있다.

이와 관련하여 반도체 산업에서 중국을 제외하더라도 한국과 대만 등에 의존해야 한다는 점에 대해 선진국들이 우려를 보이고 있다. 미국이나 독일의 경우 직접 반도체를 생산하겠다는 계획을 내세우고 있다. 이에 대해 한국은 미국 등 서방에 반도체를 안정적으로 공급해줄 수 있는 믿을 만한 파트너라는 신뢰를 줄 수 있어야 한다. 실제로 2021년 5월에 열린 한미정상회담에서 양국이 핵심·신흥 기술 분야에서 파트너십을 강화하기로 합의하면서 반도체, 친환경 전

글로벌 공급망 변화와 산업 혁신 역량 | 이근

기자동차 배터리 등에서의 공급 확대를 약속했다. 결국 한국이 독과점 영향력을 행사하기보다 장기적으로 신뢰할만한 파트너라는 믿음을 준다면 반도체 산업에 대한 선진국의 자국 내 생산설비 구축 등의 움직임이 약화될 수 있고 이를 통해 글로벌 가치사슬 블록화로 인한 부정적 영향을 줄일 수 있을 것이다.

한국 경제의 대응 전략:
리쇼어링과 대기업·중소기업 역량 공유

리쇼어링

글로벌 가치사슬의 블록화와 관련하여 한국이 취할 수 있는 방안 중 하나는 리쇼어링reshoring, 즉 해외 진출 기업이 국내로 복귀하도록 촉진하는 것이다. 특히 지금은 다양한 기회의 발생으로 정부가 리쇼어링 촉진 정책을 시행하기에 가장 좋은 타이밍이라고 생각한다. 실제로 그동안 부진했던 리쇼어링 건수가 2018년 이후 꾸준히 늘고 있다(즉, 2018년에 9건, 2019년에 16건, 2020년에 20건). 먼저 여러 국가들이 중국을 떠나고 있다. 미·중 갈등 과정에서 중국산 제품에 관세를 매기면서 '메이드 인 차이나'에 대한 매력이 떨어졌다. 중국 내 인력에 대한 임금이 상승하는 것도 매력이 떨어지는 이유 중 하나다.

코로나19도 기회다. 공급사슬의 다양화 측면에서 기업들이 중국 외에 공장을 지을 곳을 물색하고 있기 때문이다. 코로나19가 가속화한 디지털화도 한국의 리쇼어링 촉진에 기회로 작용한다. 기업이 공장을 지을 입지를 선정함에 있어서 고려하는 여러 요인 중 높은 노동 비용이 차지하는 비중이 줄어들기 때문이다.

실제 이러한 기회들이 촉발한 다양한 유형의 리쇼어링 사례는 [표 1]을 참조하여 설명할 수 있다. 첫째 유형은 노동 집약적인 제품 생산기지를 해외에서 국내로 이전한 것으로 자동차용 '와이어링 하니스(전류를 공급하는 전선 묶음)' 사례와 차 부품업체인 THN이나 익산주얼리협동조합의 사례가 있다. 디지털화 등 기술 혁신을 통한 생산 공정의 단순화가 리쇼어링의 계기가 되는 것이 둘째 유형인데, 2020년에 필리핀 마닐라 공장을 청산하고 경북 김천산업단지에 6만 6,000㎡ 부지 컬러강판 생산 공장을 준공한 아주스틸이 대표적인 사례다. 이 경우는 인공지능AI 자동검사기 등 스마트 공정을 도입한 최첨단 공장을 지어 해외에서의 가동 단계를 없애버린 경우다. 셋째 유형은, 해외 가공·부품 및 국내 조립의 단계를 거쳐 진행되던 생산 단계를 모두 국내에서 이루어지도록 만든 진단 키트업체인 솔젠트 같은 회사의 경우이다. 그밖에 의류업체 G&G와 아웃도어 브랜드 트렉스타 등도 대규모 자동화 및 스마트 팩토리화를 통한 리쇼어링의 사례다.

표1 코로나19 이후 세 가지 유형의 리쇼어링

		내용	사례	필요한 정책/전략 수단
Type 1		노동 집약적 제품 생산의 국내 이전	THN 익산주얼리협동조합	비용 차이 극복 위한 금융지원 및 조세 감면
Type 2		일부 GVC(생산공정) 단순화(플래트닝) 및 국산화 통한 리쇼어링	아주철강 솔젠트	금융 지원 + 기술 지원 (공공, 대기업)
		해외가공 국내조립에서 국내가공 조립으로		
Type 3		대규모 자동화 스마트 팩토리화	G&G(의류) 트렉스타(신발) 현대모비스	기술 역량 + 금융 역량 (지원, 조달)

출처: Lee·Park 2021

지금까지는 정부가 다양한 인센티브를 제공해왔으나, 비용이 많이 들고, 협소한 대지와 과도한 규제 등으로 리쇼어링 요건을 충족하기가 어려웠다. 이러한 사례가 더 많아지도록 하려면 먼저 한국의 높은 노동 비용을 극복하는 데 도움이 될 수 있는 정부 차원의 금융 지원 및 조세감면이 필요하다. 실제로 2019년 이후의 리쇼어링 건수가 증가된 데에는 정부 유인책이 더 강화되고 유연해진 것도 영향이 있는 것으로 보인다. 기술 혁신을 통한 리쇼어링을 촉진하려면 금융 지원과 더불어 정부와 대기업의 중소기업에 대한 기술 지원이 동시에 이뤄져야 한다.

대기업·중소기업 간 역량 공유

앞서 리쇼어링의 기회 요소로 작용할 것으로 언급한 코로나19 사태와 이로 인한 디지털화는 사실 대기업과 중소기업 간의 격차를 심화시킨 측면이 있다. 한국은 코로나19 이전에도 이미 대기업과 중소기업 간 생산성 격차가 매우 큰 나라 중 하나다. 이런 상황에서 중소기업의 기술 혁신 역량을 늘리기 위해 필요한 것은 대기업의 이익 공유보다는 역량의 공유이다. 대기업과 정부가 협력하여 중소기업에 대해 체계적으로 직접적 역량 향상을 지원하고 공유한다면 대기업과 중소기업 간 생산성 격차를 빠른 시간 안에 줄일 수 있다.

이러한 사례로는 진단 키트업체 솔젠트에 대한 삼성전자의 지원 이야기가 모범답안이 될 것이다. 솔젠트는 독일에서 진단 키트용 플라스틱 튜브 용기를 수입해왔다. 그런데 코로나19 때문에 자국 내 수요가 급증하자 독일 업체가 갑자기 수출을 중단했다. 이에 솔젠트는 삼성전자와 협력하여 직접 튜브 용기 100% 국산화에 나섰고, 결과적으로 기존 수입품보다도 개선된 튜브를 만드는 데 성공했다. 그뿐만 아니라 공정에 필요한 작업을 체계화하는 등 스마트공장 구축으로 솔젠트의 생산성은 전보다 73%나 증가했다. 삼성 등 대기업과 정부가 손잡고 체계화된 중소기업 지원을 한다면 얼마든지 제2, 제3의 솔젠트가 나올 수 있다. 여기에 대기업의 중소 스타트업 인수

·합병~M&A~ 활성화와 대기업 직원의 창업 활성화까지 추가되면, 대기업·중소기업 간의 선순환 경제가 가능해질 수 있다.

또한 정부가 앞서 언급한 리쇼어링과 대기업·중소기업 역량 공유에 대해 서로 시너지가 일어나도록 묶어서 정책을 추진할 수 있다. 즉 혁신 성장을 위해 추진해왔던 스마트공장을 리쇼어링과 연결된 패키지 형태로 지원할 수 있다. 이미 중소벤처기업부가 이런 유형의 지원을 시작하여 2021년 8월에 '2021년 공정·품질 기술개발 과제'에 10개 기업을 선정하였다. 이 사업을 통해 리쇼어링을 촉진하고 국내의 생산비용이 높아 해외로 이전하는 중소기업의 해외 이전 가능성을 낮출 수 있도록 노동 집약적인 공정을 자동화 공정으로 전환하는 기술개발을 지원하는 것이다. 이와 관련된 사례로는 와이어링 하니스 장비 제조사인 케이엠디지텍이 공정 자동화 기술개발을 하고 있고, 자가용 진단 키트를 만드는 피시엘도 포장 공정을 자동화하고 있다. 이 사업에 2021년에 41개사가 신청하여 10곳이 선정되었는데, 이를 더 확대해야 한다.

리쇼어링 본격화를 위한 최적의 타이밍인 지금 정부뿐만 아니라, 역량 공유 차원에서 대기업 또는 공공 연구소 등이 함께 나서서 체계적으로 중소기업을 지원해야 한다. 또한 현재는 '일자리를 빼앗아간다'는 스마트공장에 대한 편견도 많이 사라진 상황이다. 위더스코리아라는 청테이프 제조업체의 경우, 스마트공장 구축 후 매출이 늘어나면서 중국 업체들과도 경쟁할 수 있는 수준으로 기업이 성장했고, 이에 따라 일자리도 공장 자동화 이전보다 늘었다. 위더스코리아 역시 정부와 삼성전자의 체계적인 공정혁신 지원이 빛을 발한 케이스다.

한국 경제의 기회와 도전

글로벌 경쟁력 제고를 위한 국가혁신체계 전환

슘페터Schumpeter 학파 경제학자들은 국가혁신체계National Innovation System, NIS 차이가 국가, 산업 그리고 기업의 경쟁력 및 성장을 결정하는 요인이라고 보았다(Lundvall, 1992). 이 NIS는 지식을 생산, 확산, 사용하는 과정에 상호작용하는 요인이나 관계의 집합이라고 정의된다. 한국의 경우, 현재의 IT와 같이 사이클이 짧은 단주기 기술 중심에서 바이오와 같은 사이클이 긴 기술(장주기 기술)에 기반한 산업 중심으로 국가혁신체계를 전환하여야 한다(상세 분석은 심화 노트 참조). 단주기 산업은 중국과 같은 후발자에게 추격당하기가 상대적으로 쉬운 산업이기에, 진입 장벽이 높고 추격당하기 어려운 장주기 산업으로 이행해야 오래 버티는 선진국형 산업구조를 구축할 수 있다(Lee, 2019).

나아가서, 한국이 향후 글로벌 경쟁력을 갖고 선도하고자 하는 경우 필요한 것은, 새로운 융복합 기술에 기반한 산업 분야이다. 아직은 이런 기술의 융복합도 면에서 독일이 세계 최고 수준이고 한국은 수준이 매우 낮은 편이다(그림 1 및 심화 노트 참조). 앞으로는 한국의 기존 강점인 IT 기술과 다른 분야 기술이 접목하여 새로운 융복합 기술을 창출하는 것이 4차 산업혁명 시대에 한국의 산업경쟁력 확보에 있어 매우 중요해질 것이다. 디지털 기술을 활용하여 제조업 특정 분야나 제품 차원(예: 자동차 제조)을 넘어서는 서비스업(예: 모빌리티) 또는 제조·서비스 융합 비즈니스로 확장 및 진화하는 등 다양한 횡적 제휴와 연결이 가능해지는 것이다.

한국의 개별산업 중에서 융복합을 통한 경쟁력 확보의 사례로는 조선업을 들 수 있다. 조선업의 경우, 한국이 이미 글로벌 경쟁력을 갖추고 있는 전통적인 기계산업인데, 최근 IT 기술과 결합되면서 조선업 부문의 경쟁력이 향상되었다. 초격차산업으로 발돋움한 스마트 선박이 대표적인데, 스마트 선박이란 선박 내 모든 설비를 정보통신기술$_{ICT}$ 기반으로 하는 선박으로 조선 기술에 자율운항 제어시스템, 선박 자동식별 장치, 위성 통신망 선박 원격 제어 같은 최첨단 정보 기술이 합쳐진 것이다. 즉 지식의 융복합을 통해 기계산업이 전자 산업화가 된 것이다. 디지털 트윈$_{Digital Twin}$(물리적 세계와 같은 디지털

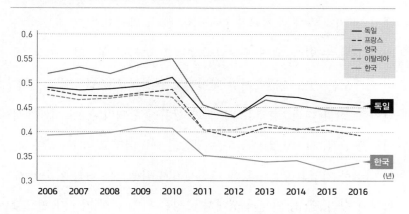

그림1 각국 특허 기술의 지식융복합도 비교

출처: Lee·Park 2019

쌍둥이 공간을 만드는 기술), 스마트십 솔루션, 전기추진시스템 설계기술 등도 발전하고 있다.

따라서 향후 산업계의 핵심 화두는 이런 디지털 기술을 매개로 한 융복합화, 즉 합종연횡이 될 것이다. 한국의 주력산업과 기업은 이제 종적 통합을 넘어서 업의 경계를 넘나드는 횡적 혁신이 필요하다. 과거 대부분의 한국 기업이 내부 자원에 의존하는 유기적 성장을 꾀했다면, 앞으로는 기술 융복합 등을 위해 외부와의 연계를 통한 비유기적 성장이 중요해질 것이다.

이러한 종횡무진형 '빅블러big blur'를 지향하는 선도 기업은 '목표 시장 진입 → 성장 → 확대'의 전통적인 선형적 성장모델을 지양하고, 대신 다양한 영역에 씨앗을 파종하고 사업 간 재조합과 재구성에서 새 기회를 찾는 전략을 추구해야 한다. 카카오가 그 대표적 사례라고 볼 수 있다. 과거 문어발이라 불린 한국의 대기업 집단과 달리 카카오는 기업 집단이지만 데이터로 연결된 합종연횡형 기업 집단이고, 전혀 다른 비즈니스 모델이 합쳐진 형태이다. 이 사례에서 기업을 종적, 횡적으로 연결하는 핵심은 데이터라고 볼 수 있다. 결국 이러한 기업의 합종연횡을 촉진시키기 위해서는 핵심 기술인 데이터의 수집, 공유, 거래의 생태계 조성을 위한 공적 기구가 필요할 수 있다. 실제로 공공 인프라가 데이터로 연결되면 그 자체가 플랫폼이 되어 기업이 생기고 일자리를 창출할 수 있다. 대중교통과 금융이 연결된 교통카드가 대표적인 사례다.

한편, 장주기 산업의 예인 약·바이오 분야의 경우, 한국은 이미 바이오시밀러 복제약(제네릭) 분야에서 강자가 될 수 있음을 증명한 바 있다. 이 역시 기술혁명을 토대로 새로운 비즈니스 기회를 창출하는 사례다. 문제는 규제가 많은 분야다 보니 인증을 받는 게 중요해 중소기업의 진입이 어렵다는 점이다. 이를 극복하려면 한국 식품의약품안전처의 위상이 미국 식품의약국FDA에 못지않게 강화돼야 한다. 식약처의 인증이 전 세계적으로 인정을 받게 된다면, 한국의 바이오·의료기기 기업의 해외 진출이 탄력을 받게 될 것이다. 이와 유사한 사례로 특허청을 들 수 있는데, 한국의 특허청은 미국, 일본, 중국, 유럽과 함께 세계 5대 특허청IP5에 포함되어 있다. 특허청의 이런 위상과 통계청의 지원, 즉 대기업은 물론 반도체 장비 부품 분야에서 우수한 기술력을 갖춘 중소기업을 지원하거나 특허 빅데이터를 활용한 연구·개발R&D 투자에 대한 지원이 한국이 IT 강국으로 발돋움하게 되는 데 큰 역할을 했다.

한국 산업이 직면한 도전: 탄소 중립 로드맵

앞서 언급한 G7 정상회의 이후 서구가 제시한 새 비전에는 세계 경제 질서의 변화 외에 탄소 중립 경제의 비전이 포함되어 있다. 4차 산업혁명은 그동안의 아시아 추격에 대응하여 제조업을 부활시키려는 서구의 목표 달성에 기여할 것으로 기대되었으나, 4차 산업혁명 자체가 3차 산업혁명의 연속선상에 있다는 면에서 덜 파괴적이어서 이에 대해 아시아의 제조업 강국들도 잘 적응했다고 볼 수 있다. 그러나 이제 탄소중립 사회의 비전은 창조적 파괴형 규제로서 한국이나 중국 등 아시아의 제조업 강국에 큰 도전으로 다가오고 있다. 서구는 탄소 제로에 맞는 새로운 파괴적 기술을 개발함으로써, 탄소 제로형 기술개발로 제조업에 복귀하려고 하며, 신재생 에너지 중심의 새로운 경제사회의 비전을 제시하고 있다.

이런 배경에서 글로벌 기후·환경변화 위기에 대응하기 위한 정부와 경제계의 전략적 판단이 중요하다. 먼저 한국의 경우 국내총생산GDP 대비 수출 비중이 높고 미국, 유럽 등과 달리 제조업 비중이 높은 산업구조를 감안할 필요가 있다. GDP 대비 제조업 비중은 26.9%로 세계 2위 수준이다. 그러다 보니 한국 경제의 석탄화력 발전 의존도가 높을 수밖에 없다. 이를 고려하여 한국 정부는 온실가스 감축 목표를 현실적인 수준으로 제시하되 그에 상응하는 구체적인 정부 지원책도 제시해야 한다. 특히 세계 경제 질서의 변화, 즉 안정적인 글로벌 공급망 확보를 위해 주요국들이 자국 기업 리쇼어링에 적극적으로 나서고, GVC 블록화가 이뤄지는 현실에서 구체적인 정부 지원방안이 빠진 탄소중립 목표 설정은 국내 기업환경을 크게 악화시킬 것이다. 지나친 규제로 인해 리쇼어링을 추진하기에 가장 좋은 시점에 오히려 국내 기업의 해외 이전을 촉발할 우려도 있다. 특히 직접적인 이해관계자인 기업의 의견수렴 과정을 거치지 않고 정부·국회가 일방적으로 결정했다는 인식이 생기지 않도록 정책 결정에 있어서 보다 세심하고 신중할 필요가 있다.

또한 정부는 온실가스 배출을 줄이는 수단으로 석탄화력 발전 축소·중단, 에너지 체계 전환, 탄소포집·저장·활용 기술개발 및 보급 등을 제시하고 있다. 이러한 감축수단을 실질적으로 적용하는 것이 가능할지에 대한 의문이 지속적으로 제기되고 있다. 친환경 재생

에너지의 경우 현재 기술 수준으로는 석탄화력 발전을 대체할 수 있을 정도의 효율이 보장되지 않는다는 게 산업계의 입장이다. 온실가스를 감축하기 위해 에너지 체계를 전환하는 과정에서 발생하는 막대한 비용 및 규제 이행 의무 등은 사실상 기업이 상당 부분 부담하게 될 것이다. 결국 산업계에 대한 적극적인 지원방안 없이는 탄소중립 목표 달성이 어려울 것이다.

한국 경제 SWOT 분석

현시점에서 한국 경제와 산업에 대한 SWOT 분석을 해보면 [표 2]와 같다.

1 강점Strength

한국 경제는 기존의 튼튼한 제조 대기업과 신흥 디지털 플랫폼이 모두 활동하고 있다는 강점을 가지고 있다. 일본, 프랑스 등 선진국에서도 네이버, 카카오와 같은 혁신적인 플랫폼은 찾아보기 힘들다.

2 약점Weakness

코로나19 위기 때 와이어링 하니스라는 중국산 부품 하나 때문에 자동차 조립이 중단된 사태의 경우처럼 비용 절감 및 효율성 위

표2 한국 경제 SWOT 분석

S : Strength 강점	W : Weakness 약점
기존 제조 대기업 + 신흥 디지털 플랫폼의 공존(네이버, 카카오): cf) 일본, 프랑스	– 코로나19, 미·중 분쟁 이후 과도한 세계화 약점 노출한 GVC *첨단 기술은 미국, 일본 의존 – 시장 및 노동집약 부품은 중국 의존 예: 와이어링 하니스, 삼성의 반도체(미국 기술 이용)
O : Opportunity 기회	**T : Threat 위협**
– 미·중 갈등, 보호무역: 제조업 리쇼어링 – 코로나19 +한일 갈등: 바이오산업, 소부장 성장 – 탈세계화: 산업정책 부활 – 디지털화: 정부 역할 증대	– 기존 소수 대기업 주도성 심화 *중소기업 약화(최저임금, 주 52시간) – 금융화 심화: 실물투자보다 주식·부동산 투자 – 불평등: K자 회복 *저출산·고령화

주의 과도한 세계화라는 약점에 노출된 GVC 구조를 가지고 있다. 첨단 기술은 미국, 일본에 의존하고 시장은 중국에 의존하는 이중구조도 미·중 갈등 상황에서 드러나는 약점의 한 측면이다.

3 기회Opportunity

최근 미·중 갈등과 대중對中 관세 부과 등 보호무역 기조로 인하여 제조업의 리쇼어링이 확산되고, 코로나19 및 한일 갈등에 따라 IT를 뒤잇는 새로운 성장엔진으로서 바이오산업과 소부장(소재·부품·장비)이 성장하는 것은 한국 경제의 기회 요인이다. 미국의 대중 관

글로벌 공급망 변화와 산업 혁신 역량 | 이근

세, 중국의 임금 상승, 디지털화 및 정부의 유인책 등으로 리쇼어링 가능성이 증대하고 실제로 사례도 늘어나고 있는데, 이에 대한 지원을 더욱 강화해야 한다. 또한 바이오산업 가치사슬 국산화 등도 중요하다.

4 위협Threat

최저임금 과속 인상 등 각종 정책의 부작용으로 자영업 중소기업의 상황이 어려워지면서, 오히려 기존 대기업의 주도성이 더 심화되고 있다. 또한 실물 투자보다 주식, 부동산 등 금융 투자 증가에 따른 금융화 가속화, K자 회복에 따른 불평등 및 저출산·고령화 추세 등은 우리 경제의 위협요인이다.

향후 한국 경제는 위에서 파악된 SWOT 요소들에 대해 적절히 대응해나가야 한다. 특히 위협요인 대응이 중요하다. 다양한 자영업 지원 방식에 추가하여 유연 근로 시간제, 디지털 공장 도입·확산, 대기업·중소기업 간 역량 공유 및 정부의 지원으로 중소기업을 강화하고, 리쇼어링을 확대시키는 방향으로 대응해야 한다.

한국 국가혁신체계의 현재와 개선 방향:
특허 분석을 통한 국제 비교와 정책 시사

혁신의 중요성과 슘페터학파 경제학

2016년 다보스포럼은 제4차 산업혁명의 등장을 알리며 AI, Big Data, VR, IoT 등의 신기술이 지속적인 성장의 원동력이 될 수 있음을 역설하였다. 이러한 신기술은 국가별 기술 역량의 차이로 인하여 선진국과 추격국의 기술격차를 넓히는 역할을 하고 있다. 이러한 세계정세 속에서 국가경쟁력을 확보하고 기술 안보를 달성하기 위한 혁신의 중요성이 다시 주목받고 있다.

국가의 기술 경쟁력 분석이 중요한 이 시점에 특허 자료를 통한 분석 방법론의 유용성이 인식되고 있다. 이런 분석은 슘페테리안의 기술 체제 분석에 그 기반을 두고 있다.

전통적인 경제학의 관점에서 경제성장의 차이를 결정하는 것은 노동생산성의 차이다. 그러나 산업 고도화와 경제발전에 따라 경제성장에 영향을 주는 다양한 요인에 대한 관심도 증대되고 있다. 이 중 슘페터학파에서는 기술 역량과 혁신 체제Innovation system라는 개념에 주목하기 시작했다(Lundvall, 1992). 이러한 연구 중에서 Lundvall은 국가혁신체계NIS를 경제적으로 유용한 지식을 생산, 확산, 사용하는 과정에서 상호작용하는 요인이나 관계의 집합이라고 정의했다. 즉 혁신 체제의 차이가 국가, 산업부문, 그리고 기업의 경쟁력 및 성장을 결정하는 요인이라고 보았다.

국가혁신체계를 표현하는 5대 변수와 측정

개요

한 국가의 NIS 수준은 과학기술, 지식 재산권, R&D 지출과 정부의 R&D 보조, 벤처캐피털, FDI 등의 투자, 인적자본, 산학연계, 다국적 기업의 세계화, 초국가적 네트워크 등의 상호 작용 등의 측면에서 다양하게 측정되고 있다. Lee(2013)는 다음의 다섯 가지 변수, 즉 기술수명주기, 토착화, 융복합도, 집중도, 기술 다각화를 대표적인 NIS 지표로 제시하였다.

첫 번째는 기술수명주기 지표로서 해당 국가가 기술수명이 짧은 분야에 특화하고 있는가 아니면 기술수명이 긴 기술에 특화하고 있는가를 나타낸다. 기술수명이 짧다는 것은 그 분야의 기술이 금방 수명을 다해서 몇 년이 지나면 그 유용성이 급격히 감소한다는 것을 의미한다. 주요 선진국이나 다른 중진국들은 상대적으로 기술수명이 긴 기술 분야에 많이 집중하고 있다. 이에 비해 한국과 대만은 80년대 중반 이후에 점점 기술수명이 짧은 분야로 집중해왔음을 확인할 수 있다.

두 번째는 지식생산의 토착화 지표로서 특정 국가가 출원한 특허의 인용도를 조사하여 얼마나 많이 해당 국가가 보유한 과거 특허를 인용하는가를 측정한다. 이로써 국가 차원의 자기 인용 정도를 측정할 수 있다. 이는 후발국이 해외 지식 원천에 의존하여 자신의 지식을 창출하는 단계에서 나아가서, 내부의 지식 원천에 의존하고 지식생산 구조를 토착화한 정도를 표시한다.

세 번째는 지식생산의 집중도 지표로서 각 국가에서 지식을 생산하는 주체가 소수의 대기업에 의한 것인가, 아니면 다수의 주체가 참여하여 골고루 분포되어 있는가를 측정한다. 이 지표에서 선진국은 분산된 양상을 보이고 있으며, 중진국에서 후진국으로 갈수록 지식생산이 소수의 발명자에 집중된 것으로 나타난다.

네 번째는 독창성(또는 융복합도) 지표로, 해당 특허가 얼마나 다양한 분야의 특허를 인용해서 만들어지는가 하는 정도를 나타내고 있는데, 어떤 지식이 다양한 분야의 광범위한 지식에 의존하여 만들어질수록 보다 융복합도와 독창성이 높다고 볼 수 있다. 이 지표에서 선진국은 상대적으로 매우 높은 수준을 보여주고 있으며 중진국은 그렇지 못한 것으로 나타난다.

다섯 번째는 기술 다각화로 어떤 국가나 기업이 얼마나 다양한 기술 분야에 특허를 내고 있는지, 아니면 소수의 한정된 분야에 특허를 내고 있는지를 나타내는 지표다. 선진국들은 기술적으로 많이 다각화되어 있는 반면, 중진국들은 다각화 정도가 높지 못한 양상을 나타내고 있다(Lee, 2013). 한국과 대만의 경우 80년대 중반 이후에 다각화 정도를 높여서, 90년대 중반에는 독일, 일본 등에는 못 미치지만 고소득국 평균 수준에는 도달한 것으로 나타났다.

아래에서 앞서 설명한 5개 변수에 대한 자세한 측정 방법을 소개한다.

5대 변수의 측정 방법

• 기술수명주기

지식의 중요한 특성은 시간이 갈수록 진부해진다는 점이다. 그리고 그 속도는 지식분야마다 다르다. 그래서 기술의 수명이 길다면 그만큼 오래된 과거의 기술도 계속 중요하다는 뜻이다. 기술수명주기는 인용하는 특허와 피인용된 특허의 출원연도(또는 등록연도)의 차이에 의해 계산할 수 있다(Jaffe et al., 1993; Jaffe·Trajtenberg, 2002). 즉, 특정 특허가 인용하는 선행 특허가 각각 특허 1, 특허 2, 특허 3…과 같은 식으로 존재할 때, 인용된 선행 특허와 이 특허의 시차를 각각 계산한다. 이를 다 더한 뒤 전체 선행 특허의 수로 나눈 평균값이 이 특허의 기술수명주기가 된다.

- **토착화**

국가 단위의 토착화 측정은 국가 x가 인용한 모든 특허 수 대비 국가 x가 인용한 국가 x의 특허 수의 비율로써 측정된다(Jaffe et al., 1993; Lee, 2013).

즉, 한 국가 차원의 자기인용도와 같은 개념으로서, 한 국가가 얼마나 자신의 지식 기반을 이용하여 새로운 지식을 창출하고 혁신을 하는가를 볼 수 있다.

- **집중도**

특허 집중도가 증가하면 특허가 소수의 특허권자에게 집중되어 있다는 것을 의미하며, 이는 허핀달지수로 측정될 수 있다(Rosell · Agrawal, 2009; Lee, 2013). 집중도 지표 또한 0과 1 사이의 수로 측정되는데, 특허권자가 존재하지 않는 특허를 제외하고 특정 연도에 특정 국가에 의해 출원(등록)된 전체 특허 수 중에서 특정 특허권자에 의해 출원(등록)된 특허 수의 비중과 비례한다고 볼 수 있다.

- **독창성(융복합도)**

이 지표는 개별 특허가 얼마나 다양한 분야의 광범위한 지식을 결합하여 만들어지는가 하는 정도, 즉 지식의 융복합도를 의미하며, 이것이 높을수록 4차 산업혁명 시대에 적응도가 높다고 할 수 있다. 이 독창성 지표를 측정할 경우 Hall et al.(2001)이나 Trajtenberg et al.(1997)에 제시된 방법을 이용할 수 있다. 이 독창성 지표는 0과 1 사이의 수로 측정되는데, 높을수록 여러 분야의 지식을 결합하여 새로운 혁신을 수행한다는 의미이다.

● 기술 다각화

기술 다각화는 얼마나 다양한 분야에서 특허를 출원하는지를 보여주는 지표이다(Breschi et al., 2003; Lee, 2013). 기술 다각화 지표 또한 0과 1 사이의 수로 측정된다. 이 지표는 국가 단위의 지표로 미국 특허 분류 체계상의 전체 기술 분야의 수 대비 해당 국가가 출원(등록)한 특허의 기술 분야의 수로 계산된다.

한국과 주요국 국가혁신체계 비교 분석 결과

국가혁신체계 지수와 경제성장

Lee · Lee(2020)에서 특허를 이용하여 측정한 국가별 국가혁신체계 지수를 추정하고 이 지수가 경제성장을 아주 잘 설명함을 실증하였다. 실제로 이 지수의 2011~2015년 평균값을 기준으로 하면, 일본이 3.566으로 1위, 미국이 3.495로 2위를 차지하고 있으며 한국은 2.533으로 13위를 차지하고 있다. 중진국 함정에 빠진 국가들인 브라질이나 멕시코, 아르헨티나의 경우 각각 24위, 25위, 37위 등으로 나타났다.

이 연구 결과 중 한국, 중국, 대만의 경우 국가혁신체계 지수의 증가에 따라 일인당 국민소득이 증가하고 있는 것을 확인할 수 있다. 브라질, 멕시코, 남아공, 태국의 경우 국가혁신체계 지수의 일정한 증가 현상이 나타나지 않고 증감을 반복하고 있어 일인당 국민소득도 큰 증가를 나타내지 못하고 있음을 알 수 있다.

한국의 이러한 성장은 미국에 출원한 특허 수 면에서 이제 독일을 추월하여 미국과 일본 다음으로 3등을 차지하는 등 급속한 기술 혁신의 성과에 기인한 것이라 볼 수 있다. 그러나 향후 한국 경제는 추격 1.0에서 2.0으로, 경제성장의 새로운 전략이 필요하다. 즉, 독일과 대만의 PPP 기준 미국 대비 일인당 소득 수준은 80%에 달하지만 한국과 일본은 70%에 머물고 있어, 한 번 더 점프하는 것이 필요하다. 이를 위해서, 혁신 체제 면에서는 추격 전략 변화가 필요하다. 특히 기술 수명이 짧은 IT와 같은 단주기 기술 위주에서 바이오와 같은 장주기 기술로의 변화가 중요하다.

4차 산업혁명 대응과 한국의 혁신 체제 비교

[그림 2]의 각국 기술수명주기를 비교해보면 먼저 이탈리아는 기계류 제조업에 강하여 긴 기술수명주기를 보이며 수익성에 도움이 되는 반면, 한국은 가장 짧은 기술수명주기를 나타낸다. 즉 한국 경제는 기술수명주기 측면으로 볼 때 아직 선진국형이라고 하기 어렵다.

[그림 3]의 지식 토착화 수준의 경우, 영국은 가장 낮은 토착화 수준을 보이지만 가장 높은 국제화 수준을 나타낸다고 볼 수 있다. 지식 토착화의 경우 독일은 가장 높고, 한국은 가장 빠른 추격 형태를 보인다.

[그림 4]는 혁신의 집중도 지표를 나타낸다. 이 지표에 있어서 한

그림 2 **평균 기술수명주기**

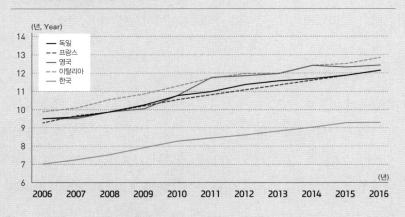

출처: Lee · Lee 2019

그림 3 **지식의 토착화**

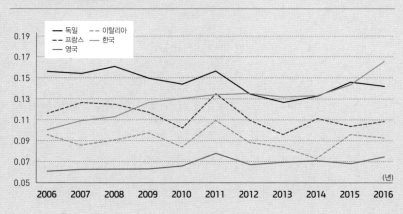

출처: Lee · Lee 2019

그림 4 혁신의 집중도

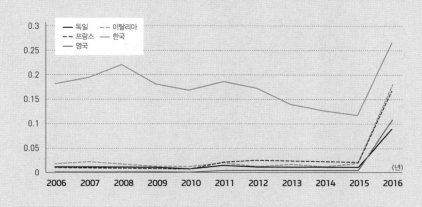

출처: Lee · Lee 2019

국은 발명이 소수에게 집중되어 있지만 유럽 4개국은 균형 잡힌 형태를 보이고 있음을 알 수 있다.

77쪽의 [그림 1]은 독창성(융복합도) 지표를 나타낸다. 기술의 독창성은 곧 지식의 융복합도이어서, 이것이 높을수록 4차 산업혁명에 적응력이 높다고 할 수 있는데, 영국과 독일이 높았으며 한국이 가장 낮았다.

[그림 5]는 기술의 다각화 지표를 나타낸다. 기술 다각화 수준은 독일이 가장 높았으며, 이탈리아가 가장 낮았다. 한국은 중간 정도 수준이다.

그림 5 기술의 다각화

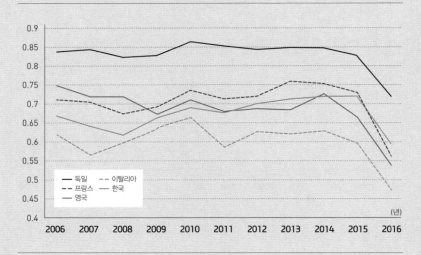

출처: Lee · Lee 2019

요약과 결론

Lee · Lee(2019)에서 처음으로 제시된 이상의 결과를 종합하면, 한국은 짧은 기술수명주기와 대기업에 집중된 혁신 체제를 갖고 있으며, 지식 융복합도와 다각화 정도가 낮기 때문에, 이런 면에서 4차 산업혁명 시대를 준비하기엔 부족한 것으로 나타난다. 반면 이탈리아는 긴 기술수명주기와 중규모 기업에 기반을 둔다는 점에서 한국과 달리 수익성 높은 성장에 대한 기초가 잘 되어있는 것으로 나타났지만, 낮은 독창성과 다각화는 4차 산업혁명 시대를 준비하기엔 역부족이라 판단된다. 독일과 영국은 높은 독창성과 다각화 수준으로 준비가 잘 이루어지고 있는 것으로 나타났으며, 프랑스는 모든 수치가 다른 국가에 비해 중간 수준이다.

향후 한국은 보다 장주기 기술(예: 바이오)로 더 들어가야 하고, 과도한 집중도를 낮추는 한편, 다양한 기술 분야에 진출하는 다각화를 더 수행하여야 한다.

기업경쟁에
의한 혁신

이상승 서울대 경제학부 교수

한국 경제발전 과정에서 기업의 개념과 역할

고도성장기: 기업의 수출 시장 진입과 정부 지원

기업은 자본주의 사회에서 부가가치를 생산하는 핵심 주체로, 한 나라의 경제와 사회가 발전하기 위해서는 기업의 역할을 잘 설정해야 한다. 한국 경제에 있어 기업의 개념과 역할, 그에 기반한 앞으로의 기업혁신을 이야기하고자 할 때 먼저 한국에서 기업이 성장해온 과정에 대해 말할 수 있을 것이다. 지금까지의 한국 경제는 '경쟁을 통한 혁신'으로 성장해왔고 미래의 발전도 결국 여기에 달려있다. 경쟁 없는 사회는 개인과 기업의 도태로 귀결되며, 한국과 남미의 과거 사례가 극명하게 이런 사실을 보여준다.

고도성장기에 한국 경제를 이끌어온 것은 주로 수출 대기업이라고 할 수 있다. 물론 여기에 대해 정경유착과 같은 비판도 존재하지만, 한국에서 삼성전자와 같은 글로벌 기업이 나올 수 있었던 배경은 창업자의 강력한 기업가 정신과 양질의 교육을 받은 매우 성실한 근로자들에 있다. 이와 더불어 중요한 것은 이러한 경제활동의 무대가 미국과 같은 거대 수출 시장이었다는 점이다. 좁은 내수시장에 안주하지 않고 무한 경쟁에 노출된 세계 수출 시장에 진출하여 성공한 한국 기업들이 현재의 한국 경제를 이끌어가고 있다.

당시 한국 경제는 자유경쟁 체제가 아니라 정부 주도의 성장 구조였기에 한국 기업의 성장이 정부 지원에 따른 결과라는 의견이 있다. 정주영이나 이병철과 같은 한국의 초기 기업가들이 이룬 중요한 과업 중 하나는 30~40년을 내다보고 대규모 투자를 진행한 것이다. 이러한 대규모 투자를 진행하기 위해서는 저리의 금융과 같은 정부의 지원이 필요했다. 당시 금리가 10~20%에 육박했으나 인플레이션율이 그보다 더 높았기에 사실상 마이너스 금리로 대출을 받을 수 있었고, 저축 장려 등 일반 국민의 희생과 외국 차관 등의 자금을 통해 기업의 투자자금을 지원함으로써 대기업의 성장을 지원한 것은 사실이다. 그러나 당시 정부의 지원을 받은 기업들은 상당히 많았지만 현재까지 살아남은 기업은 정부의 지원을 바탕으로 결국 자신만의 경쟁력을 확보하였기에 살아남았다. 특히 당시 한국 기업들이 해외 시장 진출의 행보를 택했던 것은 정부의 경제성장에 대한 강한

기업경쟁에 의한 혁신 | 이상승

의지와 더불어 기업 스스로의 선택이었고 이 둘이 결합해 시너지 효과를 발휘했다. 경제성장으로 집권의 정당성을 확보하고자 했던 박정희 정권과 기업 모두 당시의 낮은 소득 수준에서 벗어나 경제성장을 이루기 위한 무대로써 협소한 내수시장 대신 무한 경쟁에 노출되는 광범위한 수출 시장을 택했던 것이다.

당시의 입장에서 보면 이러한 행보는 일반적인 선택은 아니었다. 당시 다수의 남미 국가들은 경제발전을 위해 내수시장 위주의 성장 정책을 선택했다. 이러한 소위 '남미 모델'에서는 수입품을 대체하고자 외국에서 개발된 기술이나 제품에 종속되는 것을 피하자는 기치 아래 해외 기술을 대체해 내수시장을 살리려는 정책을 시행하였다. 이와 달리 동아시아에서는 한국의 박정희 대통령, 싱가포르의 리콴유 총리, 그리고 대만의 장개석 총통이 수출 지향 모델을 선택했다. 해외 시장에서의 수출 성과와 정부 지원을 연계시킨 박정희 대통령의 혜안이 적중했다. 그 결과 정경유착 등 여러 부작용에도 불구하고 한국의 경제는 눈부시게 발전했다. 기업들이 정부의 지원을 포함하여 가능한 자원을 모두 활용해 세계 시장에서 성과를 거두기 위해 노력한 점이 주요했다.

외환위기와 기업 체질의 재편

이러한 박정희 성장 모형이 1997년 외환위기를 거치면서 그 한계를 드러냈다. 박정희 정권은 1970년대 들어 중화학 공업 육성 정책을 시행하면서 기업들이 정부 지원을 토대로 대규모 투자를 진행했다. 앞서 한국의 초기 창업가들이 장기적인 시각을 가지고 대규모 투자를 진행한 점이 중요한 경제발전의 요소 중 하나라고 언급했다. 하지만 여기에는 대마불사라는 부작용도 발생하게 된다.

정부가 대규모 투자를 지원하게 되면 기업가 입장에서는 인센티브 구조가 왜곡되어 무조건 기업 규모를 키우는 게 자신에게 이익인 게 되어버린다. 정부가 주도한 대규모 투자가 잘못되면 실업 문제와 은행의 연쇄 파산 등 심각한 사회문제가 발생할 수 있기 때문에 이러한 대규모 투자가 실패할 경우 정부는 기업에 다시 구제금융을 제공하게 되는 것이다.

그래서 기업들은 대규모 투자를 진행할 때 성공해서 성과가 좋으면 그 이득을 자신들이 차지하고, 실패해도 구제금융을 받을 가능성이 높으니 수익성을 기준으로 투자를 할 유인이 없어지게 된다. 그 결과 1980년대까지 한국 기업은 문어발식 확장 등 무조건 기업의 규모를 키우는 방향으로 움직였고 수익성은 제대로 고려하지 않았다. 이러한 비효율적 경영의 결과 한국 기업은 외환위기를 거치면

기업경쟁에 의한 혁신 | 이상승

서 당시 30대 기업 그룹 중 절반이 도산이나 다른 기업에 인수되는 등의 과정을 거쳐 해체되었다. 이때 해체된 대표적인 기업으로 대우가 있는데, 대우의 경우 구소련과 동유럽 등지에 진출하여 그곳의 낙후된 공장들을 인수하여 이를 바탕으로 수익을 창출하는 방식의 전략을 사용했다. 이러한 방식이 잘 들어맞지 않자 더 큰 규모의 정부 지원을 받아 이를 모면하려고 하였다. 전형적인 대마불사의 기업 운영을 하다 결국 외환위기라는 큰 외부 충격에 살아남지 못한 것이다.

요컨대 한국 경제의 성장은 정부 주도의 경제성장 정책과 이로 인해 혜택을 받은 기업들의 역사만으론 설명되지 않고 해외 진출을 선택한 기업가 정신의 발휘, 그 이후에 치열한 경쟁에서 살아남은 결과라 할 수 있다.

후자의 경우 외환위기 이후 한국 경제의 성장 과정에서 더욱 명확하게 드러난다. 한국 기업의 체질은 외환위기를 기점으로 수익성을 추구하는 방향으로 완전히 변했다고 본다. 즉 기업의 본질은 수익성을 좇는 조직인 바, 외환위기를 거치면서 한국 기업들은 끊임없이 진화하고 성장하며 새로운 분야로 진출하려는 노력을 기울이는 모델로 탈바꿈하였다. 기업의 성장이 한계에 부딪히게 되면 기업은 일반적으로 두 가지 방식을 취하게 된다. 하나는 현재의 핵심 경쟁력을 기반으로 주변의 관련된 사업으로 다각화를 꾀하는 것이고, 또 다른 하나는 아예 다른 차원의 새로운 산업으로 옮겨가는 것이다. 예를 들어 두산 그룹 같은 경우 초기 주류업에서 시작해 이후 중공업이라는 완전히 다른 산업으로 옮겨갔다. 두산그룹의 역사는 기업이 기존 사업으로 성장하다가 한계에 봉착하게 되면 이를 타개하고자 새로운 성장 동력을 발견해가는 과정을 예시한다.

기업경쟁에 의한 혁신 | 이상승

미래 한국 기업혁신을 위한 제안:
벤처 생태계와 차등의결권 제도

한국 기업 구조와 벤처 생태계의 생성

한국 경제의 가장 큰 문제 중 하나는 삼성과 같은 수출 대기업과 내수 서비스 기업 사이 생산성의 큰 격차에서 발생하는 이중구조이다. 수출 제조업의 경우 같은 제품을 대규모로 생산하는 방식으로, 결과적으로 연구개발비용과 시설 투자비용 등 대규모 고정비용을 투자해 얼마만큼 규모의 경제를 이루는가가 기업경쟁력을 결정하는 관건이다. 한국의 수출 대기업은 제조업 부문에서 탁월한 경영을 통해 규모의 경제를 달성함과 동시에 생산성을 높여왔다. 하지만 서비스업은 시장별로 다른 언어와 문화, 소비자 성향 등으로 인해 수출 지향으로 나아가기가 쉽지 않다. 그러다 보니 내수시장에 기반을 둔

서비스업종은 높은 생산성을 확보하기가 어려웠다. 문제는 수출 대기업과 내수기업이 함께 성장해야 하는데 내수기업의 생산성이 크게 떨어지면서 이들을 보호하려고 규제를 늘리게 되고 이로 인해 경쟁이 일어나지 않아 생산성이 떨어지게 되는 악순환이 발생해온 것이다.

하지만 요즘은 조심스럽게 낙관적인 쪽으로 필자의 생각이 바뀌고 있는데, 그 근거에는 최근 한국 경제에 생겨나고 있는 벤처 열풍과 벤처 생태계의 형성이 있다. 모바일 혁명을 거치면서 내수 위주의 국내 스타트업도 무한 경쟁을 벌이고 있고, 여기서 성장한 기업들이 경쟁력을 갖춰 글로벌 시장에서 도전하고 높은 평가를 받고 있다. 벤처 생태계가 형성되었다는 점은 벤처 기업과 벤처캐피털, 정부 정책 등이 유기적으로 엮이면서 지속 가능한 구조가 되었다는 것을 의미한다.

대표적인 예로 금융시장의 토스toss 같은 혁신적 서비스의 등장은 이러한 벤처 산업의 생태계가 형성됐음을 보여준다는 점에서 낙관적인 전망을 가능하게 한다. 금융은 국내 서비스업 중 가장 취약한 부문 중 하나로, 공인인증서로 대표되는 온갖 규제를 받아왔고 선진국과의 경쟁력 격차도 매우 큰 부문이다. 공인인증서는 국내 기업들이 과거 윈도우 시절에 액티브 X라는 마이크로소프트의 기술을 기반으로 국내용으로 개발한 것으로, 결국 한국의 금융기업들은 보안을 이유로 세계 시장에서 사용되지 않는 시스템 안에 갇히게 된 것이다.

그런데 토스는 계좌이체 식의 아이디어로 이러한 규제를 뛰어넘었다. 2014년 알토스벤처스의 김한준Han Kim 대표가 비바 리퍼블리카라는 스타트업의 창업자인 이승건 대표의 아이디어 발표를 듣고, 곧바로 10억 원을 투자한 것이 토스의 시작이다. 또한 벤처 투자자들은 자금을 조달하는 데 그치지 않고, 사업을 성장시키는 방안에 대해 여러 가지 각도에서 조언도 해주는 '액셀러레이터'의 역할을 수행해왔다. 비바 리퍼블리카는 2021년 9월에 4,600억 원의 투자를 추가 유치해서, 약 8조 원의 기업 가치를 인정받았다.

특히 이 과정에서 토스의 이승건 대표가 금융 규제 당국과 생산적 대화를 통해 규제를 하나씩 풀어나가고자 했던 노력이 결실을 맺었다는 점을 주목해야 한다. 이승건 대표는 금융시장 전반에 혁신적 서비스와 경영 기업을 도입하여, 토스 증권, 토스 뱅크 등으로 확장하고 있고, 기존 금융권 연봉의 1.5배를 주면서 우수한 인재를 유치한다는 점도 상징적이라고 할 수 있다.

이와 더불어 국내 내수 서비스 기업의 경쟁력도 높아지고 있다. 한국 내수시장에서 성공한 기업의 가치를 투자자들이 높게 평가한 사례로, 2021년 8월에 상장한 카카오뱅크는 10월 중순 기준 시가총액이 약 29조 원으로 기존 금융 회사들을 훨씬 앞선다. 카카오의 주력 사업은 2021년 현재까지는 카카오뱅크, 카카오페이, 카카오게임 즈 등 모두 내수시장에 머물고 있고, 쿠팡과 같은 경우도 미국 나스 닥에 상장했지만, 사업은 전부 국내에서 수행하고 있다.

내수시장에서의 성공을 기반으로 해외 진출을 시도한 기업들도 있다. 독일 딜리버리히어로에 매각된 우아한형제들이 그 좋은 예이 다. 독일 본사는 김봉진 의장의 기업가 정신을 높게 평가해서, 동남 아시아 사업을 총괄하는 역할을 맡겼다. 2021년 8월에 상장한 크래 프톤의 장병규 의장은 '연쇄적 창업자serial entrepreneur'임과 동시에 엔젤 투자자로서 벤처 생태계 형성에 큰 역할을 해왔다. 장 의장은 1996년 에 네오위즈를 공동 창업했고, 2005년에 온라인 검색 서비스 첫눈 을 창업해, 2006년에 NHN에 350억 원에 매각했으며, 이후 크래프 톤(블루홀)을 창업함과 동시에 본엔젤스파트너스라는 벤처캐피털을 설립해 우아한형제들 등 다수 스타트업에 투자하고 경영 자문을 해 왔다. 척박한 환경에서 창업하고, 여러 난관을 뚫고 성공한 기업가 들이 차세대 스타트업에 자금을 대주고 멘토링을 제공하는 벤처 생 태계가 형성된 것이다.

이러한 유니콘 기업의 등장은 모바일 혁명에 기인한 바가 크다. 세계 어디에서나 앱을 개발하여 전 세계 애플리케이션 시장을 통 해 엄청난 성공을 거둘 수 있는 네트워크 외부효과가 발생하고 있 고, 이는 해당 플랫폼을 쓰는 사람이 많아지면 많아질수록 점점 더

기업경쟁에 의한 혁신 | 이상승

그 효과가 커진다. 실제로 이러한 모바일 환경에 익숙한 젊은 세대는 전 세계적으로 소비자의 안목이나 니즈가 동일화되어가고 있는 경향을 보인다. 결국 이러한 모바일 시장이 각국 내수시장의 경계를 무너뜨리고 무한 경쟁을 가능하게 한다는 점에서 앞서 언급한 내수시장의 한계를 완화하고 국내 내수기업의 생산성을 높일 수 있는 요인으로 작용하고 있다.

벤처 생태계와 차등의결권 문제

앞으로는 한국 경제에서 스타트업과 액셀러레이터, 벤처캐피털과 주식시장으로 이어지는 벤처 생태계가 더욱 굳건해져야 한다. 이를 위해서는 제도의 정비가 필요한데, 그중 차등의결권 도입에 대해 논의하고자 한다. 스타트업이 창업가의 아이디어에서 시작해 세계적인 기업으로 성장하려면 벤처캐피털로부터의 펀딩을 비롯하여 지속적인 금융시장으로부터의 자금 조달이 필요하다. 이를 위해 기업을 주식시장에 상장하면 스타트업 기업 입장에서는 창업자의 지분 희석이 생길 수밖에 없다. 이러한 상황에서 창업자의 지분이 낮아지게 되면 언제든지 적대적 M&A에 노출될 수밖에 없고, 이는 스타트업의 성공 가능성을 낮춰 전체 벤처 생태계를 해치는 쪽으로 작용할 수 있다.

　이와 관련하여 미국의 사례를 살펴보면, 미국은 회사법에서 회사의 수익을 최대화하기 위한 지분구조와 의결권 결정을 모두 이해관계자의 결정에 맡기고 있다. 이해관계자의 자율적 합의를 인정해 주는 것이다. 그리고 이러한 이해관계자들은 창업자가 누구보다 회사의 수익을 내는 데 적합한 인물이라고 신뢰할 경우 상장 당시 창업자에게 경영권을 지킬 수 있는 권한을 위임하고 있다. 대표적인 예로 구글을 들 수 있는데 구글의 창업주는 1주당 10표의 의결권을 행사한다. 이들 3인의 구글 창업주는 현재도 67%의 의결권을 유지하면서 회사법과 상법상의 특별 결의를 할 수 있다. 이를 바탕으로 창업주가 마음만 먹으면 자유롭게 의사결정을 내릴 수 있다는 의미이다. 실제로 구글이 사명을 알파벳으로 변경하고, "A부터 Z까지" 수익이 발생하는 사업이면 모든 영역에 다 도전하고 수익이 나지 않으면 빨리 철수하는 방식의 자유로운 의사결정을 내릴 수 있었던 것은 주주들이 구글의 창업자에게 절대적인 의결권을 보유할 수 있는 권한을 스스로 위임했기 때문이다.

　다만, 이러한 차등의결권은 창업가에게만 적용된다는 점이 중요하다. 차등의결권을 받은 창업자라도 이를 타인에게 양도하거나 상속할 경우 그 권리는 사라진다. 그 이유는 적대적 M&A가 회사 경영진의 사적 이익 추구를 막는 중요한 시장 메커니즘이기 때문이다.

적대적 M&A는 경영진의 사적 이익 추구로 부실해진 기업을 걸러 내고 개선하는 중요한 기능을 한다. 그럼에도 불구하고 소액주주들이 창업자들에게 이런 적대적 M&A에 대응할 방어 무기를 자발적으로 부여한다는 것은 창업가들의 기업가 정신과 경영 능력을 인정한다는 의미이다.

또한 차등의결권이 회사법상 1주 1표 원리에 벗어난다는 의견에 대해서는, 이미 순환출자구조를 구축한 한국의 재벌 등 대기업에서 이러한 기본 원칙이 지켜지지 않고 있다는 점을 지적할 수 있다. 국내 재벌그룹 총수 일가의 지분은 대개 10~20% 수준이며, 지주회사와 순환출자 피라미드 지배를 통해 그룹 전체를 좌지우지하고 있다. 즉 1주 1의결권의 주주 평등은 총수 일가 등에게 적용되지 않는 것이 한국 재벌 구조의 회사법적 본질이다. 이러한 면에서 스타트업에도 창업주에 한해 차등한 권리를 인정해주는 것이 대기업과 비교하면 오히려 공정하다.

미래 한국 기업혁신을 위한 제안:
소액주주 권리 강화와 기업활동 규제 완화

기업의 소액주주 권리 강화

중국 기업의 추격 등으로 국내 수출 제조업체의 글로벌 경쟁력도 약화되어가고 있다는 우려 속에서, 한국의 기업혁신은 스타트업이나 내수 서비스 기업을 비롯한 특정 부분에서만 아니라 전반적으로 이루어져야 한다. 이를 위해서 근본적인 변혁이 필요한 분야는 바로 기업의 상속, 기업 운영과 관련되어 있다고 본다.

한국 산업화 초기에는 기업가들이 회사를 자기 자식에게 물려준다는 생각으로 장기적 안목에서 경영하는 것이 한국 경제에 보탬이 되었다. 앞서 언급한 한국의 1세대 기업가 집단의 경우 거의 전부 자신의 2세에게 기업을 상속했다. 기업을 자신의 후손에게 물려

기업경쟁에 의한 혁신 | 이상승

준다는 사실은 창업자들로 하여금 보다 장기적인 관점에서 투자하고 사업을 키우도록 하는 중요한 유인으로 작용했다. 전문 경영인의 경우 제한된 임기 내 단기 수익을 올리는 데 집중하게 될 유인이 있지만, 1대 창업자의 경우 헝그리 정신과 더불어 이러한 장기적인 안목에서의 경영을 통해 자녀에게 더 나은 기업을 물려주고자 하게 되고, 이러한 영향은 2세까지는 어느 정도 이어졌다.

고속성장기 당시 한국의 재벌 기업들은 시장이 해야 할 역할을 내부적으로 수행했다고 할 수 있는데, 바로 금융시장 기능과 전문경영인 시장 기능이다. 금융시장 기능이란 현재 유력 사업에서 번 돈을 미래 유망사업에 투자하는 기능을 의미한다. 현대그룹의 경우 해외에서 건설사가 벌어온 돈으로 현대자동차에 투자했고, 이후 철강사업으로까지 확장했다. 또한 이런 주력 사업 투자에 있어서 능력 있는 CEO를 계열사 요직으로 옮기는 것도 능력 있는 전문경영인을 시장에서 조달하기 어려웠던 당시로서는 매우 중요한 기능이었다.

하지만 현재의 한국 경제에서는 금융과 인력 시장이 갖춰졌기 때문에 재벌 오너의 경영권 상속 정당성이 상당히 떨어진다. 특히 이러한 경영권 장악에 따른 사적 혜택 추구의 가능성으로 인해, 즉 총수 일가가 전체 그룹에서 많은 지분을 차지하지 못해도 순환출자와 피라미드식 출자를 통해 그룹 전체에 영향력을 끼치는 상황 속에서 소액주주의 권리는 제대로 보호받지 못하게 되는 문제점이 발생해왔다. 주식회사의 주인은 주주인데, 창업자의 후손들이 자기 지분보다 훨씬 많은 사적 이익을 누리게 되면서 결국 소액주주의 권한이 무시되는 것이다.

역설적으로 들릴지 모르나, 소액주주의 권리 강화는 재벌 총수 일가의 입장에서도 장기적인 이익과 합치한다고 본다. 소액주주의 권리 강화는 경영권 장악에 따른 사적 혜택을 스스로 줄이는 것을 의미한다. 이로 인해 총수 일가는 더 이상 경영권 상속이라는 단 하나의 출구만이 존재하는 상황 속에서 낮은 지분율에도 불구하고 기업 전체를 장악하려고 복잡한 지배 구조를 유지하는 등의 무리수를 두지 않아도 된다. 재벌 오너의 자녀들이 경영 능력이 있는지에 따라 경영권에 직접 참여할 수도 있고, 혹은 직접 참여하지는 않지만 의사회 의장으로 전문경영인을 고용하고 성과를 관리하는 방법을 선택할 수도 있다. 또는 기업을 매각하고 그 자금으로 다른 기업에 투자하는 벤처캐피털리스트로 역할을 전환할 수도 있다. 전혀 다른 직업을 선택하고 그 부를 사회에 환원하는 것도 가능하다. 결국 소액주주 권한의 강화는 총수 일가에게도 여러 대안을 가지고 출구를 모색할 수 있게 한다.

구체적으로 소액주주 권한을 강화하기 위해서는 증거개시discovery 절차를 도입할 필요가 있다. 이는 민사적 분쟁 발생 시 소송의 한 당사자가 다른 당사자를 대상으로 분쟁과 관련된 자료를 법원을 통해 요구하는 제도이다. 회사 경영진·지배주주의 부당한 행위로 인해 소액주주가 피해를 입을 경우, 피해의 입증을 위해서는 경영진·대주주가 보유한 증거자료를 확보할 필요가 있다. 미국에서 기업 간 분쟁 발생 시 민사소송을 통해 분쟁을 해결하는 경우가 많은데, 증거개시 제도가 중요한 역할을 한다. 우리나라에는 이러한 제도가 미비하여, 민사적 분쟁 해결이 제대로 이루어지지 않고 있다. 그래서 한국기업(LG 화학)이 다른 한국기업(SK 이노베이션)을 대상으로 미국에서 소송을 제기하는 현상이 발생한다. 소액주주나 소비자들이 기업 경영진·지배주주의 부당한 행위로 인해 재산상 피해를 입을 경우, 그 손해를 금전적으로 확실히 보상받을 수 있는 민사구제책을 정비해야 한다. 그래야 기업인에 대한 과도한 형사처벌을 줄일 수 있다.

기업활동을 제약하는 형사처벌 축소와 상속제 개혁

한국 경제의 발전은 경쟁과 함께 이루어져 왔으며 경제의 혁신도 경쟁이 있어야 가능하다. 그렇기에 기업 정책의 첫걸음은 바로 기업의 자유로운 수익 추구를 보장하는 것이다. 이와 관련하여 중요한 제도적 개혁은 기업가를 과도하게 처벌하는 현재의 형사처벌 관련 조항을 대폭 축소하는 것이다. 즉 기업 경영을 위축시키는 형사처벌을 축소하고, 대신 소액주주와 고객의 손해를 더욱 적극적으로 구제하는 민사 절차를 강화하는 것이 필요하다.

한국의 기업 정책에 있어 현재는 배임 행위 처벌의 범위가 너무 넓다. 또한 2022년부터 시행될 중대재해처벌법의 경우 민사절차뿐 아니라 형사처벌이 포함되어 있는데, 이는 기업활동의 자유를 과도하게 억제하는 부작용을 초래한다. 결국 이러한 부작용을 피하기 위해 꼭 필요한 대상에는 형사처벌을 유지하되, 나머지 소액주주와 경영진, 또는 지배주주 간 이해관계 상충 및 금전적 피해 발생에 대해서는 민사적 절차로 피해 구제를 받을 수 있도록 하는 것이 필요하다.

적극적인 소액주주 권리 강화를 통해 기업 경영이 정상화되고 오너 일가에 대한 부의 정당성이 확보되고 나면 현재의 과도한 상속세 수준도 수정할 필요가 있다. 한국의 세법에서 경영권 상속에는 최대 50% 상속세율에 30%가 할증돼, 최대 65% 상속세율에 이른다. 특히 30% 할증은 과도하다고 보는데, 조세법상으로도 상속하는 재산이 회사의 경영권을 장악할 정도의 주식 지분이라는 이유만으로 세율이 너무 크게 차이가 나는 것은 문제다. 근본적인 해결책은 소액주주의 권한 강화를 통해 과도한 경영권 프리미엄을 축소하여 무리한 경영권 장악을 통한 사익추구를 막는 것이다. 이후 상속세 제도를 보완하여 기업의 수익 추구를 보장하는 게 필요하다.

기업경쟁에 의한 혁신 | 이상승

혁신 성장을 위한
벤처기업 차등의결권 도입

우리나라의 회사법은 형식주의적 평등 개념에 치우쳐, 지나치게 경직적이다. 상법 제369조의 1항에 따르면, "의결권은 1주마다 1개로 한다." 그 결과, 신규 회사 설립·상장 시 투자자들의 자발적 합의에 따라 배당권과 의결권을 신축적으로 조합하여 기업의 자금 조달을 원활하게 하고, 주가의 단기등락에 연연하지 않고 장기 경영을 할 수 있는 환경의 조성을 원천적으로 차단하는 문제점이 있다.

이와 달리, 미국의 증권거래소는 구글(알파베트로 개명), 페이스북과 같은 벤처기업이 상장할 때, '우월 의결권superior voting rights' 주식의 발행을 허용한다. 구글의 예를 들면, 2004년 상장 시 일반 투자자들에게는 1주 1표의 A 클래스 보통주를 발행하였지만(2012년 1월 기준 약 2.58억 주), 3인의 창업자 및 초기 경영자(페이지, 브린, 슈미트)는 1주 10표의 B 클래스 보통주를 보유하였다(2012년 1월 기준 약 2.58억 주). 그 결과 이 3인의 실제 지분은 약 19%에 불과하나 이들은 약 66%의 의결권을 행사할 수 있었다. 66%이면 주주총회에서의 특별결의가 가능한 2/3에 육박하므로, 셋이서 실질적으로 회사 경영을 일반 주주의 의사와 무관하게 좌지우지할 수 있는 것이다.

그런데 우리나라의 대규모기업집단('재벌'이라 통칭)의 창업자 후손들('총수 일가' 또는 '오너'라 통칭)은 상법 369조에도 불구하고, 실질적으로 우월 의결권을 행사해왔다. 우월 의결권 행사는 상호출자나 순환출자, 피라미드식 출자 등의 형태로 이루어진다. A 기업이 B 기업에 출자하고 다시 B 기업이 A 기업에 출자하는 상호출자는 자산 기준 일정 규모 이상의 대규모 기업집단 소속 회사에서는 금지되어 있다. A 기업이 B 기업에 출자하고, B 기업이 C 기업에 출자하며, 다시 C 기업이 A 기업에 출자하는 순환출자의 경우, 2013년 공정거래법 개정을 통해 일정 규모 이상의 대규모 기업집단에서의 신규 순환출자는 금지되었으나, 기존 순환출자는 금지하지 않은 상태다. A 기업이 B 기업에 출자하고, B 기업이 C 기업에 출자하며, C 기업이 D 기업에 출자하는 피라미드식 출자에 대해서는 공정거래법상 일정 기준을 충족하는 지주회사의 경우, 상장 자회사는 20%, 비상장 자회사는 40% 등 지분율 규제를 받고 있으나 이러한 출자 방식의 근본적인 기능은 동일하다.

상호출자·순환출자·피라미드식 출자의 회사법적 본질은, 겉보기에는 1주 1표의 원칙을 준수하는 것으로 보이나, 소수 지배주주로 하여금 실질 소유권보다 더 많은 의결권을 행사하게 하는 것이다. 즉 일반 주주는 1주당 1표의 의결권을 행사하는 반면, 소수 지배주주는 1주

그림1   SK그룹 지분구조 개요

단위: %

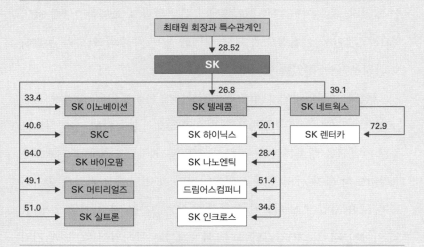

최태원 회장과 특수관계인

28.52

SK

26.8   39.1

33.4   SK 이노베이션   SK 텔레콤   SK 네트웍스

40.6   SKC   72.9
                        SK 하이닉스   20.1   SK 렌터카
64.0   SK 바이오팜
                        SK 나노엔틱   28.4
49.1   SK 머티리얼즈
                        드림어스컴퍼니   51.4
51.0   SK 실트론
                        SK 인크로스   34.6

*2021년 3월 말 기준   출처: 금융감독원 전자공시시스템

당 1표를 훨씬 초과하는 의결권을 행사하는 것이다. SK그룹의 예를 들면, [그림 1]에서 볼 수 있듯이 총수 일가는 그룹의 지주회사인 SK㈜의 28.5%를, SK㈜는 SK 텔레콤의 26.8%를, SK 텔레콤은 SK 하이닉스의 20.1%를 보유하고 있다. 따라서 총수 일가는 SK 텔레콤에 대해 직접 지분은 100주(최태원 회장)밖에 없으나, SK㈜가 보유한 26.8% 중 28.5%를 보유하고 있으므로, 실제로는 7.6%를 보유하고 있는 셈이다. 그런데 SK 텔레콤의 주주총회에서는 SK㈜의 지분 26.8% 전체에 대해 총수 일가가 의결권을 행사할 수 있다.

구글의 경우, 3인의 창업자가 가진 실제 지분은 19%인데 명시적으로 66%의 의결권을 행사하는 반면, SK그룹의 총수 일가는 '피라미드식 출자 구조'를 통해 SK 텔레콤에 대해 비슷한 효과(7.6%의 실질 지분으로 26.8%의 의결권 행사)를 거둔다. 실질 지분 대비 행사 가능한 의결권의 비율을 '의결권 승수voting power leverage index'라 부르는데, 구글의 창업자 3인의 승수는 약 3.5배이고, SK 텔레콤에 대한 총수 일가의 승수는 약 3.7 배이다.

즉, 미국의 증권거래소가 (주주 간 합의를 통해) 명시적으로 허용하는 우월 의결권과 우리나라 재벌 구조의 회사법적 본질은 동일하다. 소수 지배주주로 하여금 실질 소유권보다 더 많은 의결권을 행사하게 하는 것이다. 그로 인해 일반 주주는 1주당 1표의 의결권을 행사하는 반면, 소수 지배주주는 1주당 1표를 훨씬 초과하는 의결권을 행사하게 된다.

물론, SK그룹의 경우 '손자회사'로 내려오면 총수 일가의 의결권 승수가 훨씬 커진다. 예를 들어 SK 하이닉스의 경우, SK 텔레콤이 보유한 20.1% 중 7.6%(= 28.52%×26.8%), 즉 1.5%가 총수 일가의 실질 지분이다. SK 하이닉스의 주주총회에서는 SK 텔레콤 지분 20.1%에 대해 총수 일가가 의결권을 행사할 것이므로 의결권 승수는 13배로 증가한다.

순환출자의 경우, 피라미드식 출자와 달리 실질 지분을 계산하려면 수학 시간에 배운 무한급수(또는 행렬대수)를 동원해야 하나, 그 본질은 동일하다. 결국 상법 369조를 준수하여 겉보기에는 1주 1표의 원칙을 띄나, 순환출자 또는 피라미드식 출자로 형성되어 있는 대규모 기업집단의 총수 일가는 자신의 실질 지분을 훨씬 초과하는 의결권을 행사하고 있다.

　요약하면, 계열사 출자의 본질은 재벌의 소수 지배주주(총수 일가)로 하여금 자신의 실질 지분을 초과하는 의결권을 행사하게 하는 것이다. 이는 명시적으로 우월 의결권을 행사하는 주식을 발행하여 보유하는 것과 사실상 동일하다. 그 결과, 구글이나 우리나라의 재벌(소수의 예외 제외)이나 사실상 적대적 M&A는 불가능하다. 달리 말해, 미국에서 명시적으로 허용되는 우월 의결권 제도와 우리나라 대규모기업집단의 계열사 간 출자는 둘 다 매우 강력한 적대적 M&A의 차단 수단이다.

　적대적 M&A는 그 이름에서 연상되는 부정적 인상과 달리, 소수 지배주주나 경영진의 무능·부당한 사익 추구 행위로 인해 주가가 회사의 '본질가치'에 비해 저평가되는 것을 규율하는 시장 메커니즘이다. 회사 주가가 본질가치를 반영하면, 적대적 M&A를 통해 시장가격보다 프리미엄을 지불하고 인수하기 때문에 돈을 벌 수가 없다(물론, 회사 자금의 횡령 등은 감독기관의 규율로 인해 발생하기 어렵다고 가정한다). 따라서 적대적 M&A는 경영진이 기술과 소비자 선호의 변화에 제대로 대응하지 못하거나, 사익 추구로 인해 회사가 달성할 수 있는 본질가치에 비해 회사 주가가 상당히 낮은 기업들을 대상으로 발생한다(새로운 사업기회를 모색하거나 기존 사업과의 시너지를 달성하기 위해서도 적대적 M&A가 일어난다). 시장주의자를 자처하면서 유독 기업 경영권 시장에서만 시장 규율 메커니즘인 적대적 M&A를 부정하는 일부 언론과 식자의 견해는 모순적이다. 물론, 적대적 M&A의 위협에서 벗어날 경우, 회사의 지배주주는 단기적으로는 그 성과가 가시화되지 않는 형태의 투자, 즉 회사 내부자와 주식시장 간의 정보 비대칭성으로 인해 단기적으로는 주가에 반영되지 않으나 장기적으로 회사 가치를 높이는 투자에 전념할 수 있다.

따라서 우월 의결권, 또는 이와 유사한 효과를 가져오는 계열사 간 출자와 같은 적대적 M&A 차단 장치가 바람직한지에 대해서는 일률적으로 결론 내릴 수 없다. 예를 들어, 구글의 경우 창업자 3인의 의사에 반하는 적대적 M&A는 불가능하지만, 2004년 상장 당시와 비교하면 2021년 10월의 시가 총액이 약 270억 달러에서 1조 8,353억 달러로 68배나 증가하였다. 즉, 2004년 상장 당시 3인 창업자의 경영 능력을 신뢰하고 '자발적으로' 의결권 제한에 동의한 소액주주는 큰 이익을 본 것이다.

그런데 앞에서 설명한 것처럼, 현행 대규모기업집단 회사의 지배주주는 이미 우월 의결권을 실질적으로 행사하고 있다. 따라서 명시적인 차등의결권을 우리나라 상법에 도입하려면 몇 가지 전제 조건이 충족되어야 한다.

첫째, 순환출자·피라미드식 출자가 해소되어야 한다. 구체적으로, 미국 알파벳처럼 모회사만 상장되고, 실제 '사업부'는 모회사의 100% 자회사(+손자회사·증손자회사…) 형태로 재구성되어, 소수 지배주주와 일반주주의 이해관계 상충이 먼저 해소되어야 한다. 현재처럼 자회사와 모회사가 동시에 상장되어 있고, 또한 총수 일가의 지분이 낮은 상장회사와 지분이 높은 비상장(또는 상장)회사가 상호 간에 거래를 하는 상

기업경쟁에 의한 혁신 | 이상승

황에서는 주주 간 이해충돌이 일어날 가능성이 상당하다.

둘째, 소수 지배주주의 힘의 남용으로 일반주주가 피해를 보지 않게 하기 위해서는 주주총회와 이사회의 권한이 강화될 필요가 있다. 구체적으로, 전자 투표제를 전면 도입하여 주주권의 행사를 원활하게 하고, 사외이사 중 1인은 지배주주를 배제한 주주들이 선임하도록 하며, '대규모 내부 거래', '대규모 회사 인수' 등 주주들의 이익에 큰 영향을 미치는 사안에 대해서는 이사회의 의결뿐 아니라, 주총에서 지배 주주를 제외한 주주들의 과반수 찬성을 받도록 하는 장치가 마련되어야 한다.

셋째, 회사 경영진 또는 소수 지배주주의 힘의 남용으로 인해 일반주주들이 피해를 입을 경우를 대비해 사후적 손해 구제를 원활하게 하는 제도의 도입이 선결되어야 한다. 구체적으로 다중대표소송을 포함한 주주대표소송이 활성화되어야 한다. 특히 소액주주가 회사를 상대로 소송을 제기할 때 필요한 정보를 회사 측에서 제공할 것을 법원이 명령하는 증거개시$_{discovery}$ 절차가 도입되어야 한다. 이는 법원이 해당 소송에 근거가 있다고 판단할 경우, 회사 경영진 또는 지배주주가 소송 상대방인 소액주주들에게 관련 자료를 제출할 것을 명령하는 제도다.

그런데 이러한 제도들이 마련되고 시행되는 데에는 매우 오랜 세월이 소요될 것이다. 따라서, 대규모기업집단이 아닌 벤처기업에 대해서는 한시바삐 실험적으로나마 제도를 허용할 필요가 있다. 다만 차등의결권제도는 '기업가로서의 역량을 투자자들로부터 인정받은 창업자 본인에게만 한정'하여 허용해야 한다. 구글의 창업주도 예외가 아니다. 경영능력을 입증받지 않은 자식에게 물려주면 (또는 제3자에게 매각하면) 1주 10표의 의결권은 1주 1표로 환원된다. 차등의결권의 무분별한 도입은 '기업경영권 시장(사익을 추구하거나 무능한 경영진을 적대적 M&A를 통해 교체하는 시장)'을 위축시키기 때문이다.

공정과
혁신의 선순환

주병기 | 서울대 경제학부 교수

공정한 사회와
한국 경제 재도약

공정한 사회와 경제발전

지금까지 선진국과 개발도상국이 이뤄낸 경제발전의 역사에서 얻을 수 있는 중요한 교훈이 있다. 바로 공정한 사회가 경제발전을 지속할 수 있다는 사실이다. 공정 그 자체도 중요하지만 경제발전을 위해서도 필요하다는 얘기다. 경제발전과 관련해 공정을 두 가지로 구분할 수 있다. 하나는 공정한 시장이고 다른 하나는 공정한 분배다. 두 가지 모두 경제발전을 위해서 중요한 요소들이다.

공정한 시장은 소비자 혹은 기업 등 어떤 경제주체도 우월적 지위를 가지고 거래할 수 없는 시장을 말한다. 모든 경제주체들이 수평적인 관계에서 거래의 총이익을 기여한 만큼 나눠 갖는 시장이다.

불공정한 시장의 대표적인 예로 독과점이 있다. 독점기업은 독점력을 이용해 소비자의 편익, 노동자 혹은 협력 하청업체의 성과를 빼앗아 갈 수 있다. 독과점의 횡포는 다른 경쟁기업이나 협력업체의 혁신을 가로막는다. 진입 장벽, 기술 탈취, 단가 후려치기 등의 방식으로 혁신의 기회를 차단하거나 이익을 편취하기 때문이다. 노동자, 프랜차이즈 가맹점, 배달 노동자, 임차인 등의 협상력은 고용주, 프랜차이즈사, 플랫폼 사업자나 택배사, 임대인보다 낮은 것이 일반적이다. 독과점의 횡포가 여기서도 발생한다. 경제적 약자의 협상 지위를 높여 수평적 관계가 만들어져야 공정한 시장이 형성된다. 공정한 시장이 혁신적이고 효율적이라는 것이 기본적인 경제이론이다. 이런 공정한 시장 질서가 경제발전과 성장을 위해서도 필요한 것은 당연하다.

공정한 분배 역시 경제발전을 위해 필요한 부분이다. OECD나 IMF 등 국제기구들도 이 점을 강조한다. 소득과 자산 불평등이 커질수록 계층 간 장벽은 높아지고 교육, 역량 개발, 창업, 혁신을 위한 투자에 뛰어드는 사람이나 기업은 줄어든다. 경제적 약자가 스스로 일어설 수 있는 버팀목이 되는 것이 복지제도다. 복지와 사회안전망이 삶을 지켜줄 때 약자들이 도전할 수 있는 힘이 생긴다. 이렇게 다수의 약자들이 참여할 때 혁신이 촉진되고 경제발전의 동력도 생긴다. 한국 경제를 키우는 가장 중요한 자원은 사람이다. 그래서

공정과 혁신의 선순환 | 주병기

이런 사람을 키우는 복지제도의 역할이 중요하다. 우리 사회의 불평등과 양극화를 해소하는 복지제도는 공정 그 자체의 도덕적 목적도 의미가 있지만, 이처럼 경제발전과 성장을 지속하기 위해서도 필요한 제도다.

불평등이 발생하는 데에는 여러 가지 이유가 있다. 먼저 능력과 노력의 차이 때문일 수 있다. 정도의 차이는 있겠지만 이런 불평등은 피할 수 없는 것이다. 하지만 누구나 능력을 키우고 노력을 한다면 극복할 수 있으니 그 정도가 심하지 않다면 충분히 용인할 수 있다. 그러나 아무리 노력해도 극복할 수 없는 불평등이 있다. 바로 인종이나 성차별 혹은 출신 지역이나 가구환경이 열악한 사람들이 받는 불리한 기회 때문에 발생하는 불평등이다. 이것을 기회 불평등이라 할 수 있는데 이런 불평등은 반드시 근절돼야 한다.

개인의 노력만으로 도저히 넘을 수 없을 정도로 계층 장벽이 높은 사회에서 약자들은 자신의 역량을 키우려는 노력을 포기하게 된다. 다수의 약자들이 참여할 수 없는 특권층의 기득권 생태계 속에서 혁신은 일어나기 어렵다. 복지와 사회안전망으로 장벽을 낮추면 약자들도 역량을 키울 수 있고 이것이 밑받침되어 혁신이 활성화된다. 앞에서 말한 불공정한 시장 질서도 불평등과 양극화를 심화시키는 중요한 이유가 된다. 재벌, 독과점 등 강자들이 시장에서 발생하는 총이익을 독점하게 되면 대다수의 약자들이 나눠 가질 이익은 줄어들 수밖에 없다. 경제적 강자들의 횡포를 근절해야 약자들에게 돌아갈 수 있는 몫도 커진다. 따라서 불평등과 양극화를 해소하기 위해 복지와 사회안전망도 강화해야 하지만 공정한 시장 질서를 확립하는 것도 중요하다.

한국 사회의 공정성 진단: 불공정시장, 구조적 담합과 양극화

우리 경제는 빠르게 성장을 거듭했지만 사회, 제도 그리고 문화의 성숙은 경제성장 속도를 따라오지 못하고 있다. 국가권력과 행정의 말단에서 벌어지는 사소한 부패들은 많이 줄어들었다. 그러나 중요한 것은 권력형 비리와 중대 부패다. 아직도 개발독재 시대에나 있을 법한 불투명한 관행과 부조리가 기업과 사회에 뿌리박혀있다. 세습 경영과 친인척의 먹이사슬이 뒤얽힌 재벌 대기업 집단이 아직도 우리 경제를 좌지우지하고 있다. 경제와 사회 각 부문에서 권력 집단의 엘리트들이 민간 부문의 이권과 밀착된 권력형 비리와 부패의 온상이 만들어졌다. 최근의 가짜 수산업자 사건, 라임과 옵티머스 금융사기 사건, 전직 대통령이 연루된 횡령과 대기업 뇌물수수, 부산의 엘시티 사건 같은 토건 사업 비리 등 권력과 민간부문이 유착되어 벌어지는 부패 범죄들이 끊이지 않고 있다. 공개된 범죄만도

공정과 혁신의 선순환 | 주병기

이런데 드러나지 않은 범죄와 법망을 피해 일어나는 부패는 말할 것도 없을 것이다. 고위공직자들에 대한 전관예우, 검찰권 남용, 재벌과 권력자들이 연루된 중대 범죄에 대해 관대한 사법 관행 등 권력기구, 관료, 언론이 거대한 구조적 담합을 형성하여 지대추구에 나서고 있는 형국이다.

이런 불공정한 사회에서 소수의 강자가 국가 공동체의 성과를 독점하고 있으니 다수의 국민들이 나눌 수 있는 몫은 줄어들고 불평등과 양극화는 심화될 수밖에 없다. 약자들 삶의 질을 개선할 정부의 여력도, 시장에서 약자들이 스스로를 보호할 협상력도 부족하다. 결국 힘없는 다수 국민들이 불평등의 고통에 처할 수밖에 없는 것이다. 계층 간 장벽도 높아질 수밖에 없고 약자들이 기회를 상실한 기회 불평등한 사회는 불공정, 부패 그리고 불평등의 악순환이 지속되는 함정에 빠져들게 된다. 이런 불평등과 경제발전의 함정은 동전의 양면이다.

실제로 대기업-중소기업, 제조업-서비스업, 정규직-비정규직 간의 임금격차가 다른 선진국들에 비해 너무 높다. 근로 환경, 건강 그리고 삶의 질 격차는 더 심하다. 최상위와 최하위 임금격차, 저임금 근로자 비율 같은 양극화를 나타내는 지표는 오래전부터 OECD 회원국 최상위권을 지속하고 있다. 산업재해로 사망하는 노동자 수와 평균 노동시간도 최상위권으로 악명 높다. 과거 희망의 계층 사다리로 여겨지던 교육도 계층 사다리를 걷어차는 계층 유지의 수단이 되고 있다.

이런 부패와 불공정을 청산하지 않고서 우리보다 앞선 선진국들을 따라잡고 발전을 지속할 수 있을까? 지금까지는 국민들의 고통을 감수하고도 선택과 집중을 통해 발전하는 모방·추격형 경제로 버텨왔다. 그러나 더 이상 이렇게만으로는 발전하는 것이 어려운 단계에 이르렀다. 이제는 높은 수준의 기술, 전문적 역량과 창의성이 필요한 단계다. 국민 개개인, 조직과 기관, 사회 등 각 단위의 혁신역량을 키워야 발전하는 단계다. 강자가 기회를 독점하고 약탈하는 불공정 속에서, 그리고 국민 다수가 불평등과 양극화의 위험에 놓인 사회에서는 교육도, 역량개발도 하기 힘들고 새로운 도전과 모험보다는 현실 안주와 안정을 추구하는 것이 최선이다. 이런 사회에서 도전적 사업가도, 창의적 혁신가도 만들어지기 어렵다.

한국 사회에 필요한 공정은?

공정에 대한 많은 어려운 사상들이 있다. 그러나 그 어떤 관점에서도 앞에서 말한 우리 사회의 불공정과 부패는 바로잡아야 한다. 재력과 권력을 가진 강자들이 약자들의 성과를 편취하는 약탈적 자본주의는 어떤 방식으로도 정당화될 수 없다.

현대 민주주의사회에서 분배와 관련된 사회 기본 구조는 다음 세 가지 공정의 원칙에 지배된다고 생각한다. 첫째는 누구도 부당한 차별을 받지 않고 균등한 기회를 누려야 한다는 기회 평등의 원칙이다. 부당한 차별을 금지하고 국민 모두에게 보육과 교육, 의료를 보장하는 법과 제도가 있는 이유다. 둘째는 사회적 협력의 성과를 기여에 따라 공정하게 나누는 공정한 성과배분의 원칙이다. 시장에서 발생하는 소득격차가 공정한 격차인지를 판단해야 하고 그렇지 못할 경우 시장의 불공정을 규율하고 정부의 소득재분배 기능으로 교정한다. 셋째는 가혹한 불운으로부터 국민 개개인이 보호받는 안전한 삶에 대한 평등한 권리의 원칙이다. 건강, 고용, 연금, 산재보험 등이 이런 원칙에 기반한 제도다. 기초생활보장제도도 마찬가지다. 공정한 사회는 이 세 가지 공정의 원칙에 대한 사회적 총의를 법과 제도로 구현하는 사회라 할 수 있다.

우리 사회는 어떤가? 기울어진 운동장 같은 시장의 소득격차는 너무 높고 이를 교정해야 할 정부의 소득재분배 기능은 선진국 최하위 수준이다. 복지와 사회안전망도 허술하여 일하다 다치거나 직장을 잃거나 재난과 사고 등 가혹한 불운에 처한 국민들을 제대로 보호하지도 못한다. 여성이 경제활동에서 겪는 차별이 선진국 최상위 수준이고 사회계층 이동도 갈수록 어려워 기회 불평등도 큰 문제가 됐다. 우리 사회는 세 가지 공정의 원칙 어느 하나에도 제대로 대처하지 못하고 있는 실정이다.

능력주의를 불공정한 한국 사회를 공정하게 만드는 대안인 것처럼 여기는 사람들이 있다. 능력주의는 능력을 심사하는 절차를 정하고 공정한 심사과정을 거쳐, 능력에 따라 취업 여부, 직위 승진 여부 혹은 다른 보상의 크기를 결정하자는 것으로 보인다. 능력주의가 그럴듯해 보이는 이유는 절차적 공정성 때문이다. 최소한의 절차적 공정성에 반대할 사람은 없다. 그러나 그것만으로 실질적 공정을 담보하지 못한다. 이런 능력주의는 앞에서 말한 공정에 대한 세 가지 기본 원칙 중 어느 하나에도 해답을 제시하지 못하는 공허한 생각이다.

더 큰 문제는 능력주의가 불공정의 온상이 된다는 것이다. 자본주의만큼 능력주의로 작동하는 제도도 없을 것 같다. 시장에서 개인과 기업은 생산성에 따라 결정되는 소득과 수익을 얻기 때문이다. 우리는 이런 자본주의가 초래한 불공정의 사회적 비용을 직접 혹은 역사 속에서 무수히 경험해왔다. 능력주의의 한계를 보여주는 것이다. 강자가 약자를 지배하는 승자독식의 불공정한 시장에서 능력주의는 약육강식의 정글을 용인하는 위험한 사회를 만든다. 공정한 분배에 대한 원칙도 없고 안전한 삶에 대한 권리는 강자만 갖는 사회, 다수에게 위험한 사회가 된다. 이 문제를 극복하기 위해 노동자의 단체행동에 관한 권리가 강화되고 반독점과 공정거래에 관한 법 그

공정과 혁신의 선순환 | 주병기

리고 사회복지 제도가 발전한 것이다.

능력주의란 안일한 기준으로 구조적 차별과 기회 불평등을 일으키는 무기력한 사회가 만들어졌다. 극심한 불평등과 빈곤의 지속은 차별받는 집단과 기득권 집단 사이를 더 갈라놓는다. 계층화된 사회에서 능력은 개인의 노력만이 아니라 소속된 집단의 물질적, 비물질적 자원으로 만들어진다. 차별받는 집단에서는 능력을 키울 기회가 제한되고, 능력주의 사회에서 그 차별에서 벗어날 자유도 박탈당한다. 능력주의는 이런 구조화된 차별과 기회 불평등을 오히려 강화시킨다. 미국이 오랫동안 실시해온 적극적 우대조치affirmative action 는 능력주의가 해결하지 못하는 소수집단, 이민자, 여성에 대한 구조적 차별을 해소하기 위해 도입된 정책이다. 미국뿐 아니라 대부분의 선진국들이 이와 같은 사회적 약자, 소수자를 위해 우대조치를 도입하고 있다. 공정에 대한 첫 번째 기본 원칙, 기회 평등의 원칙을 보장하기 위한 것이다.

우리 사회는 지금 심각한 양극화 문제를 겪고 있다. 부문 간, 기업 규모 간, 고용형태 간 소득과 삶의 질 격차가 너무 벌어졌다. 이 또한 우리 사회가 능력주의라는 안이한 자세로 노동시장을 규율하여 만들어진 문제다. 그 해법으로 정부는 공공기관의 비정규직을 정규직으로 전환하는 강수를 택했다. 그러나 정책이 추진되는 과정에서 상당한 사회적 갈등이 빚어졌다. 정부가 이해충돌을 미연에 방지하는 세밀한 추진 방안을 준비하지 못한 점을 비판할 수는 있다. 그러나 능력주의에 반한다는 한심한 주장도 많았다. 능력주의가 만든 불공정한 사회가 능력주의로 풀리겠나?

성숙한 민주주의와 복지국가를 구현하여 공정한 사회를 만드는 것만큼 시급하고 중요한 과제도 없을 것이다. 복지와 사회안전망을 확충하여 기회 평등과 분배정의가 실현되고 누구나 안심하고 살 수 있어야 한다. 그래야 국민 대다수가 과감한 혁신에 도전할 수 있다. 그것이 경제발전을 지속하는 방법이며 기술 선도국이 되는 길이다.

공정한 사회 만들기:
교육, 취업, 기업활동의 성공 사다리

교육의 계층 사다리 기능 강화

과거 한국 경제가 고도성장을 할 수 있었던 중요한 이유는 우수한 인적자본이 지속적으로 공급됐기 때문이다. 계층 간 장벽이 높지 않았고 공교육이 빠르게 확산되어 국민 개개인이 교육을 통한 계층 상승을 꿈꿀 수 있었다. 빠른 경제성장이 이런 꿈이 실현되는 것을 도왔고 기술과 역량도 같이 성장할 수 있었다. 우리뿐만 아니라 일본이나 대만도 마찬가지였다. 반대로 필리핀이나 중남미의 여러 나라들은 실패했다. 교육을 통한 인적자본 축적이 지속되지 못했고 중진국 함정에 빠졌다는 평가를 받았다.

이처럼 과거 한국 경제가 인적자본을 기반으로 성장하는 메커니즘이 작동할 수 있었던 것은 한편으로 교육이 계층 사다리로서 잘 작동했기 때문이다. 그리고 빠르게 성장하는 경제가 교육을 통해 성공할 기회를 많이 창출했기 때문이다. 이런 많은 기회가 다시 교육과 역량개발을 위해 노력하게 하는 선순환이 만들어졌다. 그래서 비록 시장에서는 노동착취가 일상적이었고 정부는 복지를 희생하며 성장만 강조했지만, 교육과 인적자본 축적이 지속됐고 그래서 성장도 지속됐던 기적적인 일이 일어난 것이다. 이런 기적은 저개발 단계의 모방·추격형 경제에서는 가능했지만 지금은 아니다. 고도의 기술, 전문성, 창의력이 필요한 단계에서 복지는 경제의 기초체력과 같다. 특히 한국 경제의 가장 중요한 장점, 인적자본을 개발하고 고도화함에 있어서 복지의 역할은 필수적이다. 복지의 양극화가 극심해지면 다수의 국민들이 인적자본을 개발할 기회를 상실하게 되고 이것이 경제를 좌초하게 만드는 암초가 된다. 보다 안전한 사회를 만들어서 많은 국민들이 두려움 없이 도전할 수 있게 해야 한다.

현재 한국 사회에서는 이러한 혁신 인재가 제대로 양성, 배출되기 어려운 상황이다. 한국 기업이 반도체, 디스플레이, 배터리 등에서 글로벌 시장을 선도할 수 있었던 것은 과거 고급 과학기술인력을 양성할 수 있었기 때문이다. 앞으로도 과학기술 분야에 우수한 인재가 진출해야 지금의 기술 우위를 지속할 수 있다. 문제는 최근 직업 선호도 조사 등을 살펴보면, 특히 학업성취도가 높고 좋은 교육을

공정과 혁신의 선순환 | 주병기

받은 학생일수록 이러한 혁신 분야보다는 공무원, 의사, 변호사 등 안정적인 직업에 대한 선호도가 높다는 것이다. 열악한 노동시장과 낮은 삶의 질이 안정적인 직업을 선호하게 하는 큰 요인이다. 더 많은 인재들이 혁신을 주도하는 분야에 진출하도록 하려면 국민 전체를 위한 복지와 사회안전망의 확충이 필요하다. 아울러 혁신을 주도하는 산업 분야의 전망이 밝아져야 한다. 교육, 취업 그리고 창업의 계층 사다리가 만들어져야 한다.

　과거 계층 사다리로 여겨졌던 교육은 이제는 계층 유지의 수단이 되고 있다. 최근 한국고용정보원 자료를 이용하여 명문대(최상위 5개 대학과 전국 대학 의약학 전공분야) 진학률을 비교해보면 가구환경이 열악한 학생은 아무리 타고난 능력이 뛰어나고 피나는 노력을 해도 10명 중 7명은 명문대 진학에 실패할 수밖에 없다는 결과가 얻어진다. 그만큼 어려운 환경에서 자라면 좋은 대학에 가기가 힘들다는 것이다. 반대로 이 말은 유복한 환경에서 자라면 좋은 대학에 가기가 훨씬 유리하다는 얘기가 된다. 2020년 한국장학재단 자료를 보면 소위 SKY라 불리는 3대 명문대의 신입생 중 소득 상위 20% 가구에 속하는 학생이 55%라고 한다.

　이렇게 사회계층 간 대학교육의 기회가 불평등하게 되면 가정형편이 어려운 아이들은 공교육도 제대로 못 받고 일찍부터 포기하게 된다. 있는 집 아이들에게 집중하는 고등교육은 다수의 없는 집 인재들의 잠재력을 놓친다. 아인슈타인, 에디슨, 빌 게이츠, 스티브 잡스 같은 혁신가는 부잣집에서만 나오지 않는다. 미래 한국을 이끌 혁신적 리더들을 모든 계층에서 골고루 발굴하지 못하면 결국 국민 모두의 손해로 돌아온다. 대학을 비롯한 모든 교육기관이 이런 기능을 제대로 발휘하지 못하고 있다.

코로나19와 기후 위기 속에서 세계는 에너지와 디지털 기술의 대전환을 앞두고 있다. 과거보다 훨씬 더 인적자본의 중요성이 큰 시대를 맞이하는 것이다. 하루빨리 교육의 계층 사다리 기능을 회복하고 모든 청소년들에게 교육의 기회가 평등하게 보장되는 사회를 만들어야 한다. 무엇보다 다양한 사회계층과 다양한 지역 출신 학생들이 우수한 대학교육을 받을 수 있도록 해야 한다. 현행 수시전형같이 고등학교를 차등화해서 평가하거나 수능 점수로 줄 세우는 방식만으로는 잘 안 된다는 것이 드러났다. 대학마다 더 좋은 방법을 찾을 수 있다. 중요한 것은 지금처럼 한국을 대표하는 대학교들에서 공부하는 학생들이 상위 소득계층에 편중되는 현상을 막는 것이다. 법학전문대학원과 의약학 계열도 마찬가지다. 이렇게 입학생을 선발하는 대학은 계층 차별 대학으로 구분해 재정지원 및 연구지원을 제한해야 한다. 이런 특단의 조치 없이 정시·수시 비율만 조정하는 방식으로는 해결이 어렵다.

공정과 혁신의 선순환 | 주병기

취업, 창업 그리고 기업의 성공 사다리와 ESG 경영

대학입학뿐만 아니라 취업과 창업 그리고 기업활동을 통한 성공 사다리도 충분히 만들어져야 한다. 이제는 대학을 졸업하지 않은 사람도, 명문대에 들어가지 않아도, 평범한 알바생도 성공해서 유명인사가 되는 시대다. 기업도 전통적인 학력이나 학벌로 유능한 인재를 뽑는, 판에 박힌 채용 방식에서 벗어날 필요가 있다. 공기업과 공공부문을 중심으로 고졸 인재 채용을 늘리고 지역 인재 채용을 확대하는 것도 취업에서 발생하는 계층 및 지역 간 기회 불평등을 해소하고 취업의 성공 사다리를 만드는 좋은 방법이다. 이것이 성공한다면 수도권 집중 현상도 해소될 수 있을 것이다.

노동시장의 격차 해소, 반드시 이루어져야 한다. 우리 사회가 필요로 하는 어떤 일을 하는 사람도 인간다운 생활이 가능하도록 해야 공정한 노동시장이다. 아직도 많은 사람들이 휴일도 없이 주당 50, 60시간 일하고 최저 생계 수준에 가까운 임금을 받는다. 사고의 위험을 무릅쓰고 일하는 경우도 많다. 나라는 선진국이 됐다지만 아직도 많은 국민들 삶의 질은 후진국에 머물러 있는 것이다. 정규직-비정규직, 대기업-중소기업, 제조업-서비스업, 남성-여성 간의 근로소득 격차가 다른 선진국들과 비교할 때 너무 크다.

우리 경제에도 이제 성공적인 IT 기업들이 등장하고는 있지만 수출 주력 산업에서는 여전히 성공적인 기업성장 사례는 드물다. 아직도 기업생태계가 극소수의 대기업을 정점으로 소수의 중견, 중소기업 그리고 대다수의 소기업들로 구성돼 있다. 창업과 중소기업 단계를 거쳐 중견기업과 대기업으로 성장하는 길이 막혀있기 때문이다. 기업성장의 성공 사다리가 작동하지 못하는 원인은 재벌과 대기업 집단이 우월적 지위를 남용하여 중소기업의 성장을 가로막고 있기 때문이다. 또 내부거래, 일감몰아주기 등 대기업의 수익을 총수 일가가 빼돌리는 나쁜 경영 행태, 우리 경제 각 부문의 정실주의 관행과 정관계 권력이 동원된 부패한 카르텔도 건실한 중소기업의 성장과 혁신적 창업을 가로막는다. 이렇게 중소기업의 성장이 가로막힌 경제의 최대 피해자는 다수의 힘없는 서민과 노동자들이다. 불공정한 시장경제의 강자들이 경제적 지대를 독점하면 다수의 약자들의 삶이 피폐해질 수밖에 없다.

최근 환경, 사회 그리고 지배구조의 첫 글자를 딴 ESG 경영에 대한 관심이 커지고 있다. 주요 선진국을 중심으로 미국과 유럽에서는 오래전부터 기업의 사회적 책임이 강조돼 왔다. 사회적 책임은 윤리적 차원의 문제만이 아니라 기업의 공급망에서 발생하는 위험관리와 기업의 사회적 평판 등을 통해 기업의 장기적 지속가능성에 영향을 미칠 수 있다. 기후 위기와 국제사회의 협력으로 만들어지는 글로벌 거버넌스 때문에 이제 탄소 배출에 대한 책임은 장기적 위험관리 문제가 아니라 당장의 투자유치, 수익 창출과 관련된 문제로까지 인식되기 시작했다. 국제사회는 기업들이 직접적인 탄소 배출뿐만 아니라 공급망에서 유발되는 간접적인 탄소 배출까지 책임질 것을 요구하고 있다. 따라서 글로벌 공급망 관리도 기업들에게 중요한 이슈가 되고 있다.

기후 위기와 에너지전환으로 촉발된 ESG를 강조하는 자본주의는 기업경영에 큰 변화를 가져올 것이다. 구글, 애플 등 글로벌 기업들이 2050년까지 공급망에서 100% 재생에너지만 사용한다는 'RE100' 선언을 앞다퉈 하고 있다. 우리나라 글로벌 대기업들도 여기에 합류했다. 이런 대전환이 한국 자본주의의 선진화를 앞당기는 좋은 기회가 될 수 있다. 한국 자본주의는 ESG 성과를 통해 발전할 수 있는 잠재력이 매우 크다. 특히 불공정한 자본주의의 그늘에 가려진 수많은 사회적 성과와 지배구조 합리화의 잠재력이 크다. 지금까지 무시됐던 협력업체들과의 상생, 직원들의 복지와 역량강화 그리고 역량확산이 경제의 성장잠재력을 높이는 새로운 동력을 만들게 된다. 소수의 대기업에 특권과 투자를 집중해서 발전하던 시대는 지났다. 개별 기업의 역량만이 아니라 공급망과 기업 협력 네트워크 그리고 사회의 혁신 역량이 중요한 시대가 됐다.

기업의 ESG 성과에 대한 관심이 소비자와 시민사회를 중심으로 확산될 필요가 있다. 이런 성숙한 국민 의식이 있어야 불공정한 거래와 부당한 사익 편취와 같은 약탈적 행위를 엄중히 보는 사회 분위기가 형성될 수 있다. 경제와 민주주의의 발전은 수십 년을 거듭해 선진국 단계에 진입했지만, 공공부문의 감독 기구, 권력기관, 관료사회는 아직도 권위주의 시대에 머물러 있다. 몸에 맞지 않은 옷은 갈아입어야 할 때다. 횡령, 배임, 분식회계와 같이 중대한 기업 범죄를 솜방망이 처벌하는 관행은 근절돼야 한다. 경제규모와 발전 단계에 걸맞은 엄격한 감독과 엄중한 처벌이 이루어질 수 있도록 권력기구와 관료사회의 근본적인 개혁이 필요하다.

미국 경제는 지난 100년 동안 꾸준히 2% 수준의 성장을 지속했다. 수많은 혁신 기업들이 지속적으로 만들어지는 역동적인 기업생태계가 형성됐다. 반독점과 공정거래에 대한 공적 감시와 사법적 처벌이 엄격히 이루어지기 때문이다. 또한 시장 지배력이 있는 강자들이 혁신을 가로막지 못하도록 엄격히 감독해야 창업, 신규 사업자와 중소기업들이 성장할 수 있는 길이 열리기 때문이다. 우리도 약자들이 성장할 수 있는 성공 사다리를 만들어야 한다.

공정과 혁신의 선순환 | 주병기

한국 경제의 불평등과
지속 발전 과제[1]

성장발전위원회Commission on Growth and Development는 한국, 대만, 일본의 동아시아 3개국을 포함한 성공적 경제개발 사례에서 보이는 중요한 조건으로 불평등 완화, 기회 평등 그리고 교육과 인적자본에 대한 공공투자의 중요성을 강조하였다. 이외에도 포용적 국가, 대외무역, 기술이전 그리고 혁신적 시장경제로의 구조개혁도 강조하였다.[2] 지속적인 경제발전으로 선진국 단계에 진입한 한국, 대만, 일본의 성공적인 경제성장의 원동력은 낮은 불평등과 높은 교육열, 인적자본 축적에 있었다.

경제협력개발기구OECD와 국제통화기금IMF 등 주요 국제기구들은 과도한 불평등을 억제하고 경제성장의 혜택이 국민들에게 돌아가게 하는 정부의 적극적 역할이 선진국의 지속성장을 위해서도 중요하다는 점을 강조하기 시작했다.[3] 선진국들의 불평등과 경제발전에 대해

1990년대 이후로 쏟아진 많은 연구들이 소득불평등이 경제성장의 걸림돌이 된다는 점을 확인하였고 이것이 이른바 포용적 성장전략inclusive growth strategy이라는 국제기구들의 제안이 만들어진 배경이 되었다. 포용적 성장전략은 정부의 재분배 기능을 강화하여 시장의 불평등을 완화하고 교육과 건강에 대한 공공의 투자를 확충해야 양질의 인적자본 축적이 지속되어 경제성장에 도움이 된다는 점을 강조하고 있다.[4]

경제적 불평등, 계층 간 교육 기회불평등, 그리고 불공정한 시장질서는 지속가능한 발전을 위해서 시급히 해결해야 할 한국 경제의 과제이다.

삶의 질과 부패

(정부 이전지출 포함) 가계지출이 국내총생산에서 차지하는 비중은 2015년 기준 57.2%로 OECD 평균인 69%와 큰 격차가 있다. OECD 회원국 중 최하위권이다. 양적인 경제성장에 비해 가계지출의 성장은 더디었던 것이다. 그만큼 삶의 질도 뒤처질 수밖에 없다.

OECD는 2017년에 건강, 교육, 주거, 노동시간, 직무 부담, 여가, 안전, 환경 등 삶의 질을 결정하는 다양한 요소들을 집계하여 삶의 질을 기준으로 회원국들에 대한 평가 결과를 발표했다.[5] 한국의 국내총생산은 OECD 회원국 평균에 근접했지만 가계의 물질적 조건(가구소득, 부, 주거 등)과 삶의 질(일-여가 균형, 건강, 교육, 환경, 안전, 삶의 만족도 등)은

공정과 혁신의 선순환 | 주병기

중윗값에 못 미치는 낮은 수준이다. 특히 삶의 질은 중윗값에 크게 못 미쳐 동유럽 국가들과 유사한 수준이다. 국민소득에 비해 상대적으로 낮은 가계소득, 높은 가계부채, 장시간 근로(평균 노동시간 OECD 회원국 중 2위)와 높은 직무 부담으로 인한 스트레스, 열악한 근로환경과 낮은 산업안전도(산업재해 사망률 1위) 등이 삶의 질을 낮추는 주요인이다.

정부에 대한 신뢰와 부패 인식은 경제발전 단계에 비하여 낮은 수준이다. 최근 발간된 OECD 자료에서 한국 국민 중 30%만 정부를 신뢰하고 있는 것으로 나타났다.[6] 이는 OECD 평균 43%와 큰 격차가 있고 매우 낮은 수준이라 할 수 있다. 같은 자료에서 우리 국민 다섯 중 네 명에 가까운 79%가 부패가 만연하다고 인식하는 것으로 나타났다. OECD 평균인 43%와 비교할 때 매우 높은 수준이다. 이처럼 높은 수준의 부패 인식은 국제투명성기구Transparency International의 조사에서도 나타난다. 이 조사에서 우리나라의 2017년 부패 인식도는 100점 만점에 54점으로, 전체 180개 조사국 중 51위를 기록했다. OECD 회원국 중에서 최하위권일 뿐만 아니라 중국, 남미 국가들과 비견될 만한 수준이었다. 다행히 최근 3년간 부패 인식도는 꾸준히 개선되어 2020년 평가에서 39위로 올라섰다. 여전히 OECD 회원국 중에서는 최하위권이다.

이처럼 낮은 사회적 신뢰와 높은 부패 인식의 배경에는 공공부문과 사회 전반에 만연한 권력형 부패와 재벌 중심의 불공정한 시장 질서가 있다. 고위관료들이 피감기관 혹은 관련 민간 부문에 재취업하고 법조계와 금융권 등에서는 전관예우를 통해 권력기관에 영향력을 행사하는 관행이 일상화되었다. 이런 권력형 부패로 공공부문의 감시·감독 체계는 정상적으로 작동하지 못한다. 공정거래, 금융감독, 산업 안전, 노동 감독 등 각 부문에서 허술한 감시체계의 문제가 끊임없이 드러나고 있다.

이처럼 부패한 관행을 근절하는 제도 개혁을 통하여 공공부문이 정상화되어야 비로소 투명하고 공정한 시장 질서가 자리 잡을 수 있다. 재벌과 대기업의 친족 경영과 구시대적 경영권 세습 풍토에 최적화된 기업 지배구조의 문제가 근본적으로 해결될 필요가 있다. 그래야 정상적이고 혁신적인 시장 질서가 만들어지고 한국 경제의 잠재력도 높일 수 있다.

불평등과 양극화

우리 사회는 1990년대 중반 이후로 경제성장만큼이나 빠르게 소득분배가 악화되었다. World Income Database의 자료를 이용하여 최상위 10% 부유층의 (세전 개인) 소득이 전체 소득에서 차지하는 비중의 변화를 살펴보면, 1990년에는 34%였던 게 2019년에 46%로 증가하여, [그림 1]에서 보는 바와 같이 불평등도의 변화율이 주요 선진국들 중 가장 빠르다는 것을 알 수 있다. (가처분)소득불평등도를 기준으로 1990년대 중반에 OECD 회원국 평균보다 낮은 평등한 사회에서 2017년에는 여섯 번째로 높은 0.355의 지니계수 값을 기록한 매우 불

공정과 혁신의 선순환 | 주병기

그림1 　(세전 소득) 상위10%집중도의 변화: 1990~2019년

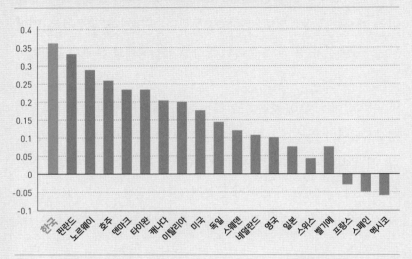

출처: World Inequality Database

평등한 사회가 된 것이다.[7] [그림 2]는 이러한 소득불평등도의 변화를 가처분 가구소득의 지니계수와 백분위율(P90/P10), 두 가지 지표로 나타낸 자료이다. 이 그림의 화살표의 길이는 소득불평등의 변화 속도를 나타내는데, 다른 OECD 회원국들에 비해 우리나라에서 가장 빠르게 변화한 것을 볼 수 있다.

　소득 격차를 나타내는 다양한 지표들도 매우 높은 수준을 나타낸다. 중위소득과 최하위 10% 소득 간 비율의 경우 OECD 회원국 중에서 가장 높은 값을 가진다. 소득 수준이 빈곤선(중위소득의 50%) 미만인 사람들의 비율을 나타내는 빈곤율은 17.4%로 OECD 회원국 중에서 세 번째로 높고, 특히 노인 빈곤율은 43.8%로 가장 높다. 임금 격차

그림 2 소득불평등의 변화: 1990년대 중반에서 2019년까지

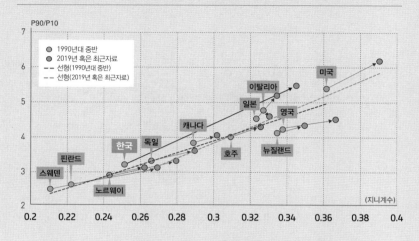

출처: 최신 OECD Statistics. 한국은 통계청(2017). 〈가계금융복지조사〉

역시 과거 20여 년간 지속적으로 나빴던 것을 알 수 있다. 저임금(중위임금 2/3 미만) 노동자 비율과 상위 임금(P90)과 하위 임금(P10)의 비율을 나타내는 백분율을 이용하면 둘 다 OECD 회원국 최상위권으로 나타난다.

이처럼 소득분배가 빠르게 악화된 것은 경제성장과 노령화가 진행됨에 따라 시장소득의 불평등도는 높아졌지만 정부의 소득재분배 기능에는 큰 변화가 없었기 때문이다. 정부의 소득재분배 기능을 시장소득불평등도와 가처분소득불평등도의 차이로 측정할 수 있는데 [그림 3]의 수직축이 이를 나타낸다. 이 그림에서 우리나라의 위치는 OECD 회원국 중 가장 낮은 수준에 있는 것을 볼 수 있다. 이 그림

공정과 혁신의 선순환 | 주병기

그림3 지니계수를 통한 소득재분배 기능 비교: 시장 소득 vs. 가처분 소득

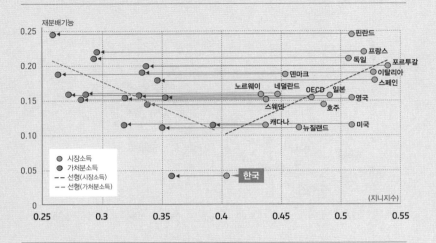

출처: 최신OECD Statistics . 한국은 통계청(2017). 〈가계금융복지조사〉

의 화살표는 국가별로 시장소득불평등도가 정부의 소득재분배를 통해 가처분소득불평등도로 낮아지는 것을 보여준다. 북유럽 선진국들의 긴 화살표는 불평등도를 낮추는 데 정부의 역할이 얼마나 큰가를 보여주고 한국의 짧은 화살표는 정반대로 정부의 역할이 작다는 것을 보여준다.

정부의 소득재분배 기능을 강화하려면 아직도 OECD 평균에 못 미치는 조세부담률을 높이고, 정부의 공공사회복지 지출의 GDP 대비 비율을 끌어올리는 방향으로 조세와 재정의 혁신적 변화가 필요하다.

소득의 가장 큰 비중을 차지하는 근로소득의 양극화를 완화하려면 노동시장의 이중구조와 정규직-비정규직, 대기업-중소기업 간의 임금

격차를 줄여야 하고 낮은 서비스 부문의 생산성을 높여야 한다. 앞서 살펴봤듯이 저임금 근로자 비율과 임금격차를 기준으로 볼 때 우리나라의 노동시장 양극화는 심각한 수준이다. 무엇보다도 재벌과 대기업이 지배하는 불공정한 시장 질서 속에서 일어나는 현상이라는 데 주목할 필요가 있다. 원청 기업의 하청기업에 대한 부당한 압력 행사와 사익 편취가 높은 임금격차를 만든다. 이런 근본적인 문제가 해결되어야 공정한 시장 질서가 정착될 것이다.

이런 근본적인 개혁과 함께 노동자들의 권리와 안전의 버팀목으로서 정부가 나서야 한다. 관련 법과 제도도 실질적인 효력을 점검하고 강화되어야 한다. 최저임금제도와 근로장려 지원 등을 통한 개입도 적절히 활용해야 한다.

소득과 교육의 기회 불평등

가구환경, 인종, 성, 지역 등 출신배경과 무관하게 누구나 노력하면 성공할 수 있는 기회가 균등하게 주어질 때 기회 평등이 이루어진다. 높은 교육열과 인적자본 축적은 우리 경제가 고도성장을 지속할 수 있었던 가장 중요한 원동력이었다. 이처럼 교육과 인적자본 축적이 가능했던 것은 누구나 사회경제적 지위와 무관하게 출세할 수 있다는 믿음이 있었기 때문이다. 한국전쟁과 농지개혁으로 자산 불평등은 낮았고 사회계층의 장벽도 높지 않았기 때문에 이러한 기회 평등에 대한 믿음이 있을 수 있었다.

경제발전이 선진국 수준에 접어들고 있는 현 단계에서도 지속적인 경제발전을 위하여 교육과 인적자본의 축적이 여전히 중대한 성장 동력이라는 것을 부인하기 어렵다. 제4차 산업혁명 시대에 인공지능과 빅데이터에 기반한 미래 기술발전은 교육과 인적자본을 더 필요로 한다고 볼 수 있다. 그래서 아직도 교육의 계층 사다리가 작동할 수 있는 기회 평등한 사회를 만드는 것이 중요하다. 기회 평등은 공정한 사회를 위해서도 필요하지만 지속가능한 경제발전을 위해서도 꼭 필요한 것이다.

앞 절에서 살펴본 바와 같이 우리나라는 1990년대 중반 이후로 OECD 회원국들 중에서 가장 급격한 소득불평등의 악화를 경험했다. 노동소득 양극화 또한 매우 심각한 수준으로 진행되었고, 부동산과 금융자산 가치 상승으로 부의 불평등 또한 매우 높은 수준에 이르렀다. 부의 대물림 현상이 갈수록 심해지고 세대 간 계층이동은 어려워져 기회 불평등한 사회로 변질되고 있다. 이런 변화를 여실히 보여주는 것이 통계청 〈사회조사〉이다. "우리 사회에서 현재의 본인 세대에 비해 다음 세대인 자식 세대의 사회경제적 지위가 높아질 가능성은 어느 정도라고 생각하십니까?"라는 질문에 대해, 1999년에는 10%가량이 부정적으로 응답했지만 2015년 이후에는 50% 이상이 부정적으로 응답한 것으로 나타났다. 15년 남짓한 기간에 계층상승에 대한 비관적 인식이 5배 이상 높아진 것이다.

소득 기회 불평등

아무리 사회복지가 발달한 나라에서도 좋은 가정환경과 부모의 지원을 받을 수 있는 사람들이 그렇지 못한 사람들보다 사회적으로 성공할 가능성은 더 클 수밖에 없다. 완전한 기회 평등을 달성하기는 매우 힘들다는 것이 합리적 추측이다. 유럽과 미국의 가구소득 자료를 이용한 연구(Le Franc et al., 2008)에서 놀랍게도 스웨덴과 노르웨이와 같은 나라는 이런 이상적인 기회 평등이 달성되고 있는 것으로 분석되었다. 다른 선진국들의 경우 독일과 같이 기회 불평등도가 낮은 경우도 있고 미국, 이탈리아와 같이 기회 불평등도가 높은 경우도 있었다.

한국의 경우 미국, 이탈리아 등과 같이 출신 가구의 사회경제적 지위에 따라 기회 불평등이 뚜렷하게 존재하는 것으로 나타났다.[8] 신지섭·주병기 연구는 한국노동패널자료KLIPS와 가계동향조사자료HIES를 활용하여 가구주의 항상(가구)소득을 추정하고 이를 바탕으로 경제적 기회 불평등의 장기 추이를 분석했다.[9] [그림 4]의 붉은색 실선은 1990년 이후 항상(가구)소득의 개천용기회 불평등지수 값의 추이를 나타낸 것이다. 개천용지수란 충분한 능력과 노력이 있더라도 열악한 사회경제적 배경 때문에 성공하지 못할 확률을 나타낸다. 개천용기회 불평등도는 1997년 외환위기 이전 4년 평균 17.96%에서 2013년에서 2016년까지의 4년 평균 39.52%로 약 2배 상승하는 추이를 보였다.[10] 앞서 언급했던 통계청의 사회조사에서 계층상승의 가능성에 대해 비관적인 응답이 늘어난 것을 실제 소득자료로 설명해주는 결과이다.

고졸 혹은 전문대졸 이상의 학력을 가진 사람들로 분석 대상을 제

그림 4 부친의 학력 환경 하 개천용기회 불평등지수 장기추이

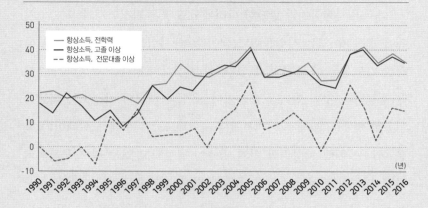

출처: 신지섭·주병기(2021). "한국노동패널과 가계동향조사를 이용한
소득 기회 불평등의 장기추세에 대한 연구",〈경제학연구〉

한하여 기회 불평등도의 추이를 나타낸 것이 [그림 4]의 두 점선이다. 고졸 이상의 학력을 가지는 경우 (그림의 위쪽 회색 점선) 기회 불평등도에 큰 변화가 나타나지 않으나 전문대졸 이상의 학력을 가지는 경우 (아래쪽 노란색 점선) 기회 불평등도가 크게는 50% 이상 줄어드는 것을 확인할 수 있다. 이는 고등교육을 통하여 기회 불평등을 상당 수준 극복할 수 있다는 가능성을 보여준다. 교육격차 해소가 경제적 기회 불평등을 완화하는 데 도움이 될 수 있음을 나타낸다.[11]

성별 기회 불평등도는 부모의 사회경제적 배경에 따른 기회 불평등보다 절대적으로 매우 높게 나타났다. 주병기(2019)에 따르면 능력이 있어도 여성이라는 이유로 성공하지 못할 확률을 나타내는 성별

개천용기회 불평등지수 값이 노동소득과 (시간당) 임금에서 각각 66%와 50%에 가까운 높은 값이 2000년대 초반 이후로 최근까지 지속되었다.[12] 이러한 성별 기회 불평등도의 경우에는, 전문대졸 이상의 학력을 가진 사람들로 제한하더라도 결과는 크게 달라지지 않는다. 이는 고등교육이 성별 기회 불평등을 극복하는 데 별 도움이 되지 않음을 말해준다. 취업에 있어서의 남녀 차별, 출산과 혼인으로 인한 경력 단절의 문제 등 여성이 노동시장에서 겪는 이런 차별이 근본적으로 없어지지 않는 한 성별 기회 불평등을 줄이기는 어려울 것이다.

교육 기회 불평등

교육의 세대 간 계층 사다리 기능도 최근 크게 쇠퇴하였다. 교육부의 2017년 설문조사에 따르면 응답자의 93.9%가 계층 간 교육격차가 크다고 응답하였고, 87%가 과거에 비해 교육격차가 커졌다고 인식하는 것으로 나타났다.[13] 이러한 교육격차의 가장 중요한 원인으로 67.7%가 교육비 투자 차이를 들고 있는데, 통계청의 가계동향 조사에 따르면 월 소득 600만 원 이상 가정과 100만 원 미만 가정의 교육비 지출 격차가 2016년에 10.2배에 이르고 사교육비의 경우 그 격차가 12.7배에 이르는 것으로 나타났다.

초중등 학업성취도와 대학수학능력시험에서 이런 기회 불평등의 실태가 확인되었다. 많은 연구들이 교육적 성취와 가구의 사회·경제적 지위 사이의 높은 상관관계를 보고하고 있다.[14] 김영철의 연구에 따르면 학생의 출신배경이 직·간접적으로 성적에 50% 이상의 영향

공정과 혁신의 선순환 | 주병기

력을 가진다.[15] 개천용기회 불평등도는 타고난 능력과 노력이 동일하더라도 출신배경이 열악하여 최상위 성취에 실패할 확률을 말하는데, 2005년과 2011년 대학수학능력시험 자료를 이용한 오성재 외(2016)의 분석에서, 과목 성적의 개천용기회 불평등도가 외국어(영어)영역에서 70%, 언어(국어)영역에서 50%에 이르는 것으로 나타났다.[16] 이처럼 높은 기회 불평등도는 가구의 사회경제적 배경에 따라 사교육비 지출액과 학생들의 자기주도학습 시간의 절대적인 차이 때문에 발생하는 것이다. 가정환경이 좋은 학생들일수록 사교육비를 더 많이 지출하고 자기주도학습 시간도 더 길기 때문이다. 자기주도학습 시간이 가장 긴 학생들만을 대상으로 하면 기회 불평등도가 현저하게 하락한다.

최근 한국고용정보원 자료를 이용한 오성재·주병기(2020)의 분석에서도 최상위 5개 대학과 의약학계 전공으로 명문대를 정의하고 이런 명문대 진학의 개천용기회 불평등도가 70%에 가까운 것으로 나타났다.[17] 가정환경이 열악한 학생은 타고난 능력과 노력에도 불구하고 70%가 명문대 진학에 실패한다는 것이다.

지속가능한 포용 국가 전략

우리 경제가 빠르게 성장할 수 있었던 원동력은 높은 교육열과 고도의 인적자본 축적에 있었다. 교육을 통한 계층상승의 기회가 폭넓게 주어졌고 국민들의 높은 교육열 때문에 가능한 일이었다. 그러나 높아진 불평등, 기회 불평등 그리고 사회양극화로 이런 성장동력이 심각하게 훼손되고 있다. 제4차 산업혁명, 인공지능, 디지털경제 그리고 탈화석연료와 에너지전환 등 앞으로 펼쳐질 기술전환이란 전망 속에서 창의적이고 혁신적인 인적자원의 중요성이 더욱 커지고 있다. 지속적 경제발전을 위해서는 불평등과 사회양극화를 해소하고 사람에 대한 투자, 교육과 인적역량을 강화해야만 할 때이다.

우선 정부의 소득재분배 기능이 OECD 최하위권을 벗어나 적어도 중위권 수준으로 강화되어야 한다. 불공정한 시장 질서로 인한 소득격차와 양극화로 상대적으로 열악한 국민 삶의 질은 사회복지와 안전망으로 끌어올려야 한다. 현재의 낮은 사회복지 지출 비중도 OECD 회원국 평균 수준까지 끌어올려야 한다. 복지 시스템도 개선하여 복지사각지대를 최소화해야 한다. 특히 고용관계의 급격한 변화에 따른 고용보험의 사각지대 문제가 시급하다.

노동시장의 이중구조와 경제적 양극화의 문제는 근본적으로 공정한 시장 질서가 확립되어야 해결될 수 있다. 재벌과 대기업의 부당한 지대추구 행위를 엄격히 감독하고 처벌을 강화하는 법과 제도의 과감한 개혁이 필요하다. 중소기업들이 공정하게 성과를 보상받을 수 있어야 이들이 고용하는 대다수의 노동자들에게도 적절한 보상이 이루어지고 임금격차와 양극화도 해소할 수 있다. 공정한 시장을 관리하는 감시체계와 감독 기구가 정상적으로 작동하려면 관료사회의 도덕적 해이와 부패한 관행의 청산과 대대적인 개혁이 있어야 한다.

포용적 교육투자와 고도의 혁신적 인적자본 축적이 이루어지도록

공정과 혁신의 선순환 | 주병기

하는 것이 한국 경제가 지속 발전하고 선도형 경제로 전환할 수 있는 중대한 과제이다.

정부의 재정지출에서 사람에 대한 투자를 확충하고 효율화해야 한다. 영유아 보육과 초기 아동기 교육 투자는 기회 형평성 개선, 저출산 문제 해결, 여성 경제활동 참여율 제고, 인적자본 투자 등 주요 정책 목표와 밀접하게 결부되어 있다. 조기개입이 갖는 장점을 최대한 살리려면 이에 대한 공공부문의 역할을 강화해야 하고 다른 선진국처럼 아동수당과 같은 현금지원을 확충해야 하며 서비스 지원의 질 역시 높여야 한다.

중등교육과 대학입시제도 역시 계층 및 지역 간 교육격차 해소, 기회형평성과 청소년 삶의 질의 관점에서 상당한 개선이 요구된다. 이를 위해 초등학교와 중학교 단계에서 소모적인 고등학교 입시경쟁을 최소화하고 대학입시에서도 기회 형평성을 높이는 방안을 시급히 마련해야 한다.

대학은 학부 교육과 한국 경제의 혁신을 선도하는 연구중심이라는 두 가지 중요한 역할이 있다. 지금처럼 상위권 대학들이 부유층 자녀들을 집중적으로 선발하는 방식으로는 이런 역할이 제대로 이루어질 수 없다. 우수 인재는 모든 계층에 존재함에도 불구하고 부유층이 아닌 우수 인재들을 배제하기 때문이다. 우수 대학의 학부 입학생의 계층별 다양성이 훨씬 더 확대되도록 정부의 대학 지원 예산을 이용한 당근과 채찍을 만들어야 한다. 부처별로 쪼개지고 유치원, 초중등, 고등교육으로 쪼개진 예산을 통폐합하고 조정하면 충분히 가능하다.

또한 공공부문과 공기업을 중심으로 지역 인재 채용을 확대하고 지역거점대학을 육성하는 것도 고등교육의 기회 형평성 개선에 효과적일 것이다. 지역거점대학이 기술혁신의 거점으로서 지역경제에 이바지할 수 있고 대학의 수도권 집중화 문제 역시 해소될 수 있다.

포용적 국가 발전은 국민 삶의 질을 높일 뿐만 아니라 보다 지속적인 경제발전과 성장을 위해서도 필요하다는 것이 이 장의 결론이다. 포용 국가는 복지와 사회안전망의 확충, 정부의 강력한 소득재분배 기능, 그리고 공정한 시장 질서를 필요로 한다. 이러한 포용 국가에서 이루어지는 사람에 대한 투자는 우리 경제의 근간이라 할 수 있는 인적자본의 양적, 질적 공급 확대로 이어지고, 공정한 시장은 혁신적인 중소기업과 대기업이 상생 협력하는 선진적인 기업생태계의 정착으로 이어질 것이다.

노동시장의
신중한 혁신

이정민 서울대 경제학부 교수

노동시장과
한국 경제 혁신

한국 경제 혁신의 방향과 노동의 의미

한국 경제의 혁신에 수식어를 붙인다면 '신중한'이란 말을 앞에 붙이고 싶다. 한국 경제의 혁신을 위해서는 정부가 법과 제도를 개선해나가는 과정이 체계적이어야 하고 충분한 숙려 기간과 사전 검토 기간을 거쳐 효과를 검증할 연구가 뒷받침되어야 한다. 코로나 19 대응 과정만 보더라도 아무리 바빠도 바늘허리에 실을 매어 쓸 수 없다는 말이 왜 있는지 알 수 있다. 여러 정책이 도입되었지만 신중한 정책수립과 검토의 과정이 생략되는 바람에 1년이 넘었음에도 정책 효과도 불분명할 뿐만 아니라 여러 부작용도 나타났고 아직도 갈 길을 모르는 부분이 남아 있기도 하다.

한국 경제 혁신에서 노동시장이 갖는 의미는 매우 크다. 노동시장이라는 것은 인적자본이 생산되고 적재적소에 배분되는 곳인데, 그동안 한국의 경제성장은 인적자본의 성장을 바탕으로 이루어져 왔다. 그동안 한국의 교육 시스템은 성공적이었다. 낙오자가 많은 다른 나라들에 비해 국민 전체의 평균 교육 수준을 끌어올리는 데 세계적으로 유례를 찾아볼 수 없을 정도로 성공적이었다. 앞으로의 과제는 혁신을 위한 아주 뛰어난 인재를 양성하는 것이다. 한국은 이제 다른 나라를 답습하는 것을 넘어 세계 경제의 경계frontier를 뛰어넘어야 하는 나라이다. 이를 위해서는 세계적인 리더가 될 수 있는 혁신적인 인재가 필요하다.

한국 노동시장의 특징 및 최근 등장한 문제점

한국은 다른 나라에 비해 소규모 영세기업이나 자영업자 집단이 노동시장에서 차지하는 비중이 크다. 전체 근로자의 약 4분의 1이 비임금근로자이고 이 중 대부분이 영세한 자영업자다. 여기에 이들에게 고용되어 일하고 있는 임금근로자까지 합치면 전체 노동시장의 40%를 차지한다. 즉 영세한 사업체에서 일하는 사람이 전체 근로자 10명 중 4명이나 되는 것이다. 이 집단이 작은 경제적 충격에도 취약하다는 점은 우리나라 노동시장의 구조적 문제점 중 하나다.

우리나라 노동시장의 두 번째 특징은 남녀 간 임금격차가 다른 나라에 비해 상당히 크다는 사실이다. 그런데 20대나 30대 초반의 경우 남녀 임금 격차는 그리 크지 않다. 남녀 임금 격차는 결혼이나 출산과 밀접한 관련이 있다. 여성 고급인력이 많이 양산되고 있는 상황에서 경력 단절 등으로 경제활동참가율도 떨어지고 그로 인해 임금격차도 크다는 사실은 남녀평등의 문제보다 효율성의 문제이다. 그밖에 예전부터 지적되어왔던 문제는 장시간 노동이나 경직적인 노동시장과 같은 문제가 있는데 이러한 문제들은 쉽게 해결되긴 어려워 보인다.

최근 전 세계적으로 대두되고 있는 문제로 플랫폼 노동 문제가 있다. 기술 발전과 함께 등장한 새로운 형태의 노동으로, 1분 단위로 계약이 형성되기도 하고 종료되기도 하는 등 근로 시간이나 사용 방식이 매우 유연한 형태의 노동이다. 통계를 보면 코로나19 이후에 급속도로 증가하고 있으며 한국의 경우 약 50만 명이 종사한다고 추산된다. 미국의 경우 한 연구에 따르면 부업으로 종사하는 인구까지 합쳐 전체 노동자의 약 30%가 플랫폼 노동자라고 한다.

문제는 플랫폼 노동이 기존의 제도와 잘 맞지 않는다는 점이다. 플랫폼 노동은 기술 발전의 속도와 추세를 볼 때 부가가치가 높아 계속 성장할 것으로 보인다. 근로자 입장에서는 플랫폼 노동의 유연

성 가치를 높게 평가한다. 근로 행태가 유연하다 보니 플랫폼 노동
자들은 다른 산업 종사자에 비해 매우 이질적인 구성을 가지고 있
다. 근로 시간만 보더라도 근로자마다 가지각색이다. 법이나 제도로
규제를 하려고 하면 노동에 대한 표준화 과정이 필요한데 근로자 집
단이 너무 이질적이어서 법과 제도의 확립 자체가 어렵다.

코로나19는 우리나라 노동시장에 새로운 문제를 제기하였다. 예
를 들어, 재택근무 가능 여부가 새롭게 노동시장 불평등의 요인으로
떠올랐다. 재택근무 가능 여부가 남녀에 따라 차이를 보이기도 하는
데 이는 성별 불평등의 문제라기보다는 여성이 비대면 근무가 어려
운 서비스업에 더 많이 종사하기 때문에 생기는 문제이다. 코로나19
관련 이슈 중에서 직접적으로 성별 불평등과 관련된 이슈로는 가사
노동 부담 문제가 있다. 코로나19 이후 시장이나 공적 기관이 담당
하던 육아와 가사 노동 서비스를 이용하지 못하게 되면서 가정에서
누가 이러한 추가적인 가사노동을 부담하느냐 하는 문제가 나타났다.

장기적으로는 이른바 코로나19 세대가 중장기적으로 받게 될 영
향이 우려가 된다. 최근 경제학 연구를 보면 노동시장 진입 당시의
노동시장 조건에 따라 취업자의 전체 커리어가 영향을 받는 것으로
나타났다. 예를 들어, 경기 불황기에 노동시장에 진입한 코호트와
호황기에 진입한 코호트를 비교해보면, 불황기에 진입한 코호트의
청년은 상대적으로 임금도 낮고, 결혼하는 비율도 낮았다. 지금 졸

　　　　　　　　　　　　　노동시장의 신중한 혁신 | 이정민

업해서 취업시장에 진출하는 청년들은 앞으로 상당한 경제적 어려움을 겪게 될 가능성이 있다.

이보다 더 장기적으로는 현재 초중고 학생의 경우 공교육 축소가 이들의 학업 성취도에 영향을 미칠 수 있다. 게다가 이러한 효과는 사회경제적 계층에 따라 비대칭적으로 발생한다. 상대적으로 가정환경이 좋은 학생들 경우에는 공교육을 대체할 다른 방식을 활용하여 부족해진 학습량을 보충할 수 있는데, 그렇지 못한 경우에는 학업 성취도가 많이 떨어지게 된다.

임금 불평등:
전반적인 임금 불평등과 성별 임금 격차

한국의 노동시장 불평등

우리가 흔히 사용하는 '불평등'이라는 단어에는 정치적인 의미가 강하게 내포되어 있지만, 경제학에서 불평등은 '분포'라는 뜻으로 단순히 서로 차이가 있다는 사실을 의미한다. 임금 불평등은 임금이 저임금에서 고임금까지 널리 퍼져 있다는 의미일 뿐, 어떤 주관적 가치판단의 대상이 아니다.

임금은 인적자본(좁게 말하면 기술과 숙련도)에 대한 가격이기 때문에 임금 불평등은 인적자본의 가격 분포를 의미한다. 상품의 종류에 따라 가격이 다르듯이 우리가 공급하는 노동력도 종류에 따라 가격이 다르다. 또한 상품의 질이 높다고 무조건 가격이 높은 것은 아니다.

노동시장의 신중한 혁신 | 이정민

양질의 상품이라도 수요가 있어야 높은 가격을 받듯이 높은 숙련도를 지닌 근로자도 수요가 있을 경우에만 높은 임금을 받을 수 있다. 예를 들어, 아무리 뛰어난 동시통역가라고 하더라도 동시통역을 해주는 AI 기술이 나오면 수요가 줄어 높은 임금을 받을 수 없게 된다.

따라서 임금 불평등은 기술의 발전이나 시장 상황에 따라 증가하기도 하고 감소할 수도 있다. 예를 들어, 한국의 1960~1970년대 산업 발전 과정에서 노동집약적인 산업이 빠르게 발전했던 시기에는 저숙련 노동에 대한 수요가 증가해 상대적으로 임금 불평등이 완화되었다. 반대로 이후 한국 경제의 발전 과정에서 나타난 것처럼 단순 업무를 해외에 이전하고 국내에서는 기술개발이나 경영에 집중하는 경우, 이전에 비해 고숙련 노동의 수요가 증가함에 따라 임금 불평등이 악화될 수 있다. 실제로 한국의 경우 1993년 중국과의 국교 정상화 이후 대중 무역이 많이 늘었다. 주로 노동집약적인 산업 부문이 중국으로 많이 빠져나갔는데, 이로 인해 한국에서는 저숙련 노동자에 대한 수요가 많이 줄었다. 반대로 한국에 글로벌 기업들이 생겨나면서 현지에 파견할 관리층을 비롯해 고숙련·고학력 노동자에 대한 수요가 늘어났다. 결국 경제발전 과정에서 불평등이 심화된 것이다. 실제로 10인 이상이 종사하는 사업체의 경우 시간당 임금 격차가 하위 10% 대비 상위 10% 기준 4배 정도였다가 금융위기 직전에 5.5배 가까이 증가했다.

그러나 이런 변화가 한국 경제에 나쁜 것이라고 할 수 있을까? 오히려 최근 불평등 정도가 2000년대 후반에 나빠지다가 코로나19 직전까지는 완화되었다. 그런데 이는 그동안 중국을 기반으로 하던 기업들의 성장 동력이 꺼지면서 불평등 정도가 완화된 것일 수 있다. 결국 중요한 것은 불평등의 증감 자체보다는 불평등의 원인이다.

미국을 비롯한 선진국에서 불평등이 큰 이슈가 된 것은 시장을 독점하는 거대 기업의 출현으로 인해 불평등이 심화되었고 그 원인을 설명하고자 하면서부터이다. 한국에서는 원인에 대한 분석 없이 소득의 차이 자체가 지나치게 강조되는 경향이 있다. 불평등이 악화된다고 해서 무조건 나쁜 것도 아니므로, 무조건 불평등을 줄이려는 정책을 써서도 안 된다. 먼저 원인을 정확히 파악할 필요가 있다.

흔히 이야기하는 학력에 따른 불평등 또한 학력에 따른 임금의 분포가 존재한다는 것 자체는 부정적인 것이 아니다. 임금이라는 인적자본의 가격이 상품의 질에 따라 다른 것은 당연하기 때문이다.

성별 임금 격차와 여성의 경력 단절

한국의 경우 성별 임금 격차가 큰 편인데, 결혼이나 출산, 양육 과정에서 발생하는 여성의 경력 단절이 중요한 요인으로 지목된다.

필자가 서울대 유인경 박사과정생과 공동으로 한 연구에 따르면, 일반적으로 여성 경력 단절은 출산을 기점으로 노동시장에서 이탈하거나 근로 시간 감축, 임금 감소 등의 형태로 나타나는데, 한국은 이 현상이 결혼 시점부터 나타난다. 아마도 한국에서는 최근까지도 결혼과 출산을 동일한 것으로 인식하는 경향이 커서 그런 것으로 보인다.

노동시장의 이탈 크기 자체도 한국이 다른 복지국가나 미국보다 큰 편이다. 임금의 경우 한국 여성은 결혼 후 직장을 포기하면서 평균 근로소득이 50% 이상 감소하는 것으로 나타났다. 이러한 감소는 미국, 영국 여성의 경우 30~40%, 덴마크, 스웨덴에서는 20% 정도 떨어지는 것에 비해 크다. 여기서 흥미로운 사실은 한국은 물론 미국이나 영국, 덴마크나 스웨덴과 같이 우리보다는 성평등 의식이 높다고 생각되는 나라에서도 출산의 노동 공급에 대한 부정적인 효과가 크게 나타나고 또 오래 지속된다는 점이다.

또 다른 특징은 한국의 경우 합계출산율이 1970년에 4.5명이었으나 현재는 1명도 채 되지 않는데, 여성의 경제활동참가율은 40%대에서 현재 50% 초반 정도에 머물러 저출산과 낮은 경제활동참가율이 공존한다는 점이다. 출산율이 낮아지면서 여성의 경제활동참가율이 낮아진 것은 아니다. 1970년대부터 지금까지 출산율은 계속 낮아졌고 여성의 경제활동참가율은 매년 상승해왔다. 따라서 출산과 여성의 경제활동은 서로 상충하는 관계라는 점은 여전하다. 문제를 좀 더 정확히 말하자면, 여성의 경제활동참가율이 그렇게 높은 것도 아닌데 출산율이 왜 이렇게 낮은가, 혹은 반대로 출산율이 이렇게 낮은데도 여성의 경제활동참가율은 별로 높지 않은가를 생각해봐야 한다.

그 이유로는 여러 가지가 있는데 먼저 경제활동참가율만 보자면 20대까지는 다른 나라에 비해서 그렇게 낮은 편은 아니다. 앞서 언급한 대로 결혼과 출산 이후에 여성의 경제활동이 정체되기 때문에 낮은 경제활동참가율을 보이는 것으로 해석된다.

출산율이 낮은데도 여성의 노동 공급이 적은 이유를 생각해보면, 자녀 교육과 관계가 있는 것으로 보인다. 먼저 출산율이 낮은 이유부터 생각해보면 자녀의 수와 자녀 일인당 투자 사이의 역의 관계가 존재하므로, 자녀 일인당 투자의 수요가 커질수록 출산율이 낮아질 수 있다. 자녀에 대한 투자는 시간 투자까지 포함되기에 자녀 일인당 투자가 커지면 부모의 노동 공급, 특히 엄마의 노동공급이 줄어든다. 이러한 추세는 미국과 영국에서도 존재한다. 그럼 자녀에 대한 투자가 왜 과거보다 높아졌을까? 부모의 교육 수준이 향상됨에 따라 자녀에 대한 투자 수요가 늘어났고, 여기에 더해 노동시장에서 인적자본에 대한 수익률이 커져 부모의 자녀에 대한 투자가 증가했을 가능성이 있다.

육아 부담 외에 가사노동 분담에서도 여성의 부담이 크다. 젊은 세대에서 많이 개선됐다고 하지만, 아직도 다른 나라에 비해 남녀 불평등이 심하다. 2020년 자료에 따르면 평일 기준 남성의 가사노동 시간은 평균 48분, 여성은 3시간 10분이었다. 결국 육아 부담, 가사노동 부담이 여성의 노동시장에서의 경제활동을 위축시키는 것으로 보인다.

여성 경력 단절에 있어서 문제의 진단과 처방은 다르게 가야 할 것으로 본다. 사회 문화적 요인의 영향이 근본적이긴 한데, 이러한 요인들은 서서히 변하게 마련이다. 예를 들어, 육아와 가사노동 부담으로 일하는 여성이 이중고에 시달리는데 가족 내의 이러한 관행을 단시간에 해결할 수는 없다. 노동시장에서 기업은 돈을 벌고자 하는 조직이니 사실 일만 잘한다면 차별할 이유가 없는데, 문제는 이러한 사회문화가 빠른 시간 안에 바뀌지 않는다는 점이다. 또 정부가 나서서 이러한 문제를 해결할 수도 없다. 결코 조급한 마음으로 풀 수 있는 문제가 아니다.

정책 대응에 있어서는 다양한 접근이 필요할 것으로 본다. 사람들마다 필요가 다르기 때문이다. 고학력·고소득 전문직 여성과 저임금·저숙련 여성의 경우 필요한 지원이 전혀 다를 수 있다. 자녀의 나이에 따라서도 미취학 아동과 초등학교 저학년, 초등학교 고학년 이상의 경우 여성의 노동 공급에 미치는 영향과 경로가 전혀 다르다. 구매력이 있는 소비자의 경우 각각의 환경에 맞게 보육 기관이나 서비스 등 여성이 가정에서 보내는 시간을 대체할 수 있는 서비스를 제공하는 시장을 활용할 수 있으면 된다. 이에 대한 수요는 충분한 것으로 보이고 시장도 발전하고 있는 것으로 보인다. 정부는 이러한 시장의 역동성을 최대한 살리는 방향으로 제도를 정비해야 한다. 외국인 가사도우미도 여러 가지 부작용이 생길 우려가 있기는 하지만 전향적으로 생각해볼 필요가 있다. 다른 나라의 사례를 보고 시범적으로 정책을 시행해볼 수 있다.

정부는 저소득층에게 필요한 공교육과 보육 인프라를 제공해줘야 한다. 여기서 공교육이란 의무 교육뿐 아니라 취학 전 아동까지 포괄하는 제도여야 한다. 공교육이 줄어들면 그 대체재인 사교육이 들어오고, 결과적으로 교육에서의 불평등이 커지게 마련이다.

임금 불평등과
최저임금제도

한국의 최저임금제도

한국의 최저임금 수준을 가늠하기 위해 국가 간 비교를 생각해 볼 수 있다. 하지만 국가마다 노동시장의 제도가 다르기 때문에 단순히 최저임금 수준만 떼서 다른 국가와 비교하는 것은 무리가 있다. 단적인 예로 스웨덴을 들 수 있는데, 스웨덴에는 최저임금제도가 없다. 노사 간 임금협약이 제도적으로 잘 되어 있는 나라들은 사실 최저임금제도가 필요 없다. 독일의 경우에도 최저임금제도는 상당히 늦게 도입되었다.

우리나라는 최저임금을 마음 놓고 올릴 수 없는 나라이다. 최저임금제는 저임금 근로자를 위해 임금을 강제로 올리는 정부의 정책인데, 그 비용은 정부가 아니라 고용주가 지불한다. 그런데 우리나라에서 최저임금을 지불하는 고용주는 대부분 영세 자영업자여서 인건비 인상 부담을 다른 방법으로 대응하기 어렵다. 결국 한국은 최저임금을 높게 가져가기가 구조적으로 어려운 환경이다.

최저임금 인상은 임금 불평등에 어떤 영향을 미칠까? 먼저 시급의 분포를 보면 최저임금은 최저 시급을 제한하는 정책이므로 최저임금 상승의 파급효과가 임금 분포의 위쪽으로 갈수록 점점 커지지 않는 이상 불평등은 줄어들 수밖에 없다. 그런데 시급이 아니라 전체 노동소득의 경우에는, 최저임금 상승이 근로 시간과 일자리 자체를 감소시킨다면 불평들이 오히려 악화될 수도 있다.

필자의 한 연구에서는 최저임금 상승이 임금 총액 기준 임금 불평등에 긍정적인 영향을 미치지 못하는 것으로 나타났다. 여기서 중요한 것은 임금을 1% 올렸을 때 근로 시간이 몇 % 줄어드느냐 하는 탄력성인데, 한국은 이 탄력성이 작지 않다. 결국 최저임금 상승이 임금 불평등에 미치는 영향은 거의 없거나 심지어 부정적일 수 있다. 지난 2018~2019년 최저임금 인상 효과에 대한 필자의 다른 연구에서도 고용이나 근로 시간에 부정적인 영향을 끼친 것으로 드러났다. 필자와 전혀 다른 방법론을 사용한 연구에서도 비슷한 결과를 보인 바 있다. 즉 전반적으로 최저임금 상승에 따른 고용효과는 부정적이라는 연구 결과가 지배적이다. 물론 이런 효과는 전체적인 경

노동시장의 신중한 혁신 | 이정민

제 환경에 따라 달라질 수 있다.

최저임금을 나이별, 업종별, 지역별로 차등 적용하자는 논의가
있다. 다른 나라의 경우를 보자면 최저임금제를 연령별로 차등 적용
하는 국가들은 있다. 지역별로 적용하는 국가도 미국, 일본, 중국, 베
트남 등 꽤 있다. 혹은 지역×업종별 차등화도 있는데 아직 업종별
로만 차등화하는 경우는 많지 않다.

더 중요한 것은 제도 자체보다는 어떻게 제도가 운용되는가 하
는 것이다. 그런 점에서 현재 한국의 최저임금 결정구조로는 차등적
적용이 어렵다고 본다. 현재로서는 일괄적으로 적용되는 하나의 최
저임금을 정하는 것도 어렵기 때문이다. 차등적 적용을 논의하기 이
전에 먼저 결정구조부터 바꿔서 최저임금위원회(이하 최임위)에서 논
의를 하되 결정은 정부가 하는 식으로 바꿔야 할 것으로 본다. 노사
공 의견수렴 기구는 필요하나, 최저임금은 다른 정책과 연동되어 있
는 경우가 많기 때문에 정부가 적극적으로 결정을 하고 책임을 져야
한다. 한 예로 실업급여 하한선 같은 경우 최저임금에 연동되어 있
는데, 몇 해 전에는 최저임금이 너무 빠르게 올라서 정책 조정이 미
처 안 되어 실업급여 상한선보다 하한선이 높아진 웃지 못할 경우도
발생했다.

최근 몇 년간 최저임금 인상에 따른 영세업자들의 경영 부담을
완화하기 위해 '일자리안정자금' 정책이 시행되었다. 일자리안정자

금 정책은 임금을 올리면 그 임금 중 일부를 세금으로 정부가 책임져주는, 인건비 부담을 줄여주는 정책이다. 문제는 이 정책이 한시적 정책일 뿐 아니라 급조된 정책이라는 점이다. 이런 정부 보조금은 가장 필요한 사람들에게 전달되어야 하는데 결국 누수가 발생할 수밖에 없다. 게다가 초기에는 정책 목표가 제대로 타깃팅이 안 돼서 누수가 더 발생했을 것으로 본다. 비용을 파악하여 실효성을 검증하려면 학자들이 연구를 해야 하는데, 이에 필요한 데이터도 없다.

소득 증대와 분배 개선을 위한 대안

최저임금 외에 저소득 가구의 소득 증대와 분배 개선을 위한 또 다른 정책으로 근로장려세제가 있다. 경제학자들은 근로장려세제를 긍정적으로 생각한다. 근로장려세제는 최저임금과 달리 근로 조건부 보조금이다. 즉, 노동을 해야 받을 수 있는 돈이라 노동에 대한 인센티브가 있는 제도다. 대표적으로 근로장려세제를 추진하는 나라는 미국인데, 이 제도를 통해서 빈곤율이 많이 줄었다는 것이 일반적인 견해다.

최저임금제도는 노동 수요를 줄이는 정책이고 근로장려세제는 노동 공급을 늘리는 정책이다. 또 후자는 가구 단위로 지급되는 보조금이라 빈곤가구나 저소득가구를 타깃팅해서 줄 수 있다. 그에 비해 최저임금은 포괄적으로 적용되는 정책이다. 물론 근로장려세제는 세금이 지출된다는 단점이있다. 근로장려세제의 빈곤율 완화에 대해서도 아직 논의가 진행 중이어서 실제로 긍정적 효과가 없다는 연구도 있다. 그러나 전반적으로 최저임금제보다는 좋은 정책이라고 생각된다.

다만 지금의 한국의 근로장려세제에는 문제가 많다. 일자리 안정자금을 비롯해서 사전적으로 잘 수립된 정책이 아니다. 실제로 학계에서 근로장려세제를 늘릴 것을 권고했는데 이에 대해 정부는 근로장려세제를 지나치게 대규모로 늘리고 수혜 대상 범위 자체를 확대했다. 결국 근로장려세제의 장점인 타깃팅이 너무 뭉뚝해져 버렸다. 단적인 예로 2018년도 귀속 연도에 대해서는 연령 조건이 완전히 사라졌다. 그래서 2019년에 근로장려금 수급자 숫자가 폭발적으로 늘었는데, 예를 들어 대기업에 중간에 취업하여 원래의 연간 소득 중 절반만 받게 된 경우에도 근로장려금 대상이 됐다.

이 외에 해외 주요 선진국에서 시행되고 있는 소득 증대와 분배 개선을 위한 정책으로는 누진세 같은 정책을 들 수 있다. 한국의 경우에는 기초생활보장이나 기초 연금, 장애인 연금 등을 들 수 있는데, 기초연금도 사실은 고령층들이 소득이 적으니까 소득재분배를 하는 정책이다. 미국의 경우 원래 최저생계비를 보장해주는 정책이 있었는데 이런 정책은 자활 의욕을 떨어뜨리기 때문에 최근에는 이를 줄이고 근로장려세제를 확대하는 방향으로 가고 있다.

최저임금은
고용에 어떤 영향을 주는가?

한국의 최저임금은 1988년에 처음 도입된 이후 매년 인상되어 왔다. 첫해의 최저임금은 시급으로 500원 미만이었는데, 이를 2020년 화폐가치로 계산하면 1,400원 정도에 해당한다. 이를 2020년 최저임금인 시간당 8,590원과 비교해보면 최저임금이 그동안 얼마나 인상되었는지를 알 수 있다. 그동안 한국 경제가 성장했고 생산성이 향상되었기 때문에 최저임금도 따라서 오른 것이라고 할 수 있지만, 중위 임금(임금 순위로 중간 근로자의 임금)과 비교해도 최저임금은 빠르게 상승했다. OECD 통계에 따르면, 한국의 전일제 임금근로자 중위 임금 대비 최저임금의 상대적 수준은 2000년에 28.8%였던 게 2020년에는 62.5%로 크게 상승했다.

어떤 정책을 평가하기 위해서는 정책 목표의 정당성을 검증하고 그 목표를 효과적으로 달성하였는지를 살펴봐야 할 것이다. 그렇다면 최저임금 정책의 목표는 무엇인가? 최저임금법 제1조에 따르면, 최저임금은 저숙련·저임금근로자와 노동시장 취약계층의 임금을 강제로 올려 "임금의 최저 수준을 보장하고 근로자의 생활 안정과 노동력의 질적 향상 도모"를 정책 목표로 삼고 있다. 모든 정책에는 비용이 따르기에 정책의 효과성 평가를 위해 비용과 편익을 비교해야 한다. 최저임금의 비용을 보기 위해서는 먼저 노동시장을 살펴봐야 한다. 노동시장은 수요와 공급이라는 두 개의 축을 중심으로 작동한다. 최저임금이 노동을 공급하는 근로자에게는 높은 임금을 보장하는 것이지만, 노동의 수요를 요하는 기업의 입장에서 보면 높은 인건비를 의미하기 때문에 최저임금의 인상은 일자리의 유지와 창출에 부정적인 영향을 미칠 수 있다. 따라서 최저임금의 인상은 경제학의 전형적인 상충관계trade-off에 직면한다. 즉, 최저임금을 0으로 정하는 경우와 반대로 무한대로 정하는 경우 모두 바람직하지 않을 것이며 그 중간에 적절한 수준이 존재할 것이라는 뜻이다.

최저임금의 적절한 수준을 찾기 위해서는 우선적으로 최저임금이 고용에 미치는 효과를 알아야만 한다. [그림 1]은 최저임금이 인상될 때 노동시장의 균형(임금과 고용)이 어떻게 바뀔 것인지를 보여주고 있다. 그림에서 볼 수 있듯이 최저임금이 존재하는 경우 노동의 수요량(구인)보다 공급량(구직)이 적기 때문에 고용은 전적으로 노동 수요에 의해 결정된다. 따라서 최저임금이 7,000원에서 8,000원으로 인상되면 임금은 오르지만 고용은 E1에서 E2로 감소하게 된다. 이러한 이론적 예측은 최저임금을 인상하면 인건비가 오르니 기업의 채용이 줄고

노동시장의 신중한 혁신 | 이정민

그림1 노동의 수요와 공급

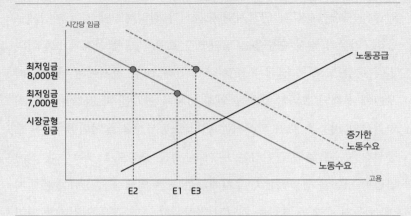

시간당 임금

최저임금
8,000원

최저임금
7,000원

시장균형
임금

노동공급

증가한
노동수요

노동수요

고용

E2　　E1　E3

일자리가 줄어들 것이라는 직관과 일치한다.

　위의 예측이 맞다는 전제하에 최저임금정책 평가에 있어서 근본적으로 중요한 문제는 E1과 E2의 차이, 즉 고용의 감소가 어느 정도일 것인가이다. 경제학에서 임금이 올라갈 때 노동 수요량이 줄어드는 정도를 임금에 대한 노동 수요 탄력성이라고 부른다. 최저임금의 고용효과는 바로 이 노동 수요 탄력성에 의해 결정된다. 표준적인 이론 모형에 따르면 노동 수요 탄력성은 인건비의 비중, 생산물 수요의 가격탄력성, 노동과 다른 생산요소 사이의 대체탄력성에 좌우된다. 예를 들어, 인건비의 비중이 높고 가격탄력성이 큰 경우 임금이 오르면 고용이 줄어들 수밖에 없다. 인건비의 비중이 높으면 임금이 오를 때 비용 부담이 커지게 되는데 이는 가격 인상으로 대처할 수 있다. 이때 생산물 수요의 가격탄력성이 크면 가격을 인상할 때 수요가 큰 폭으로 감소하기 때문에 그러한 비용을 가격에 전가할 수 없다. 결국 고용을 줄여 비용을 낮추려고 하게 된다. 또한 노동과 다른 생산요소와의 대체탄력성이 클수록 최저임금 인상에 따라 고용이 더 줄어들 것이다. 작업의 성격상 기계로 쉽게 대체할 수 있거나, 생산의 일부분을 해외 생산으로 돌리는 것이 가능한 경우 임금이 인상되면 고용을 더 쉽게 줄일 수 있다는 의미이다.

한국의 경우 음식숙박업, 도소매업이나 제조업의 영세한 사업체에 최저임금근로자 고용이 집중되어 있다. 이들 부문의 특징은 동종 업종 내 경쟁이 치열하여 이윤의 한계에 봉착해 있다는 점이다. 그야말로 경제학 교과서의 완전경쟁시장에 가까운 상황이라고 할 수 있다. 완전경쟁시장에서 판매자에게 수요의 가격탄력성은 무한대이다. 즉, 비용 증가의 부담을 생산물 가격 상승으로 상쇄하기 어려운 처지에 놓여있다는 뜻이다. 두 번째로 이들 부문에 속하는 사업체는 규모가 영세하고 노동력 위주의 기술을 보유하고 있는 경향이 있다. 이런 경우 비용 중 인건비의 비중이 크게 나타난다. 한국농촌경제연구원의 2019년 외식업 경영 실태 조사 보고서에 따르면 인건비가 식재료비 다음으로 영업비용에서 가장 높은 비중을 차지하는 항목으로 나타났고, 인건비 상승은 식재료비 상승, 동일 업종 내 경쟁 강도와 함께 가장 중요한 경영상 애로사항으로 나타났다. 인건비 비중이 높은 것은 최저임금 인상으로 노동 수요가 민감하게 영향을 받을 것이라는 점을 시사한다.

그럼 실제로 한국에서 최저임금의 인상은 어느 정도로 고용을 감소시켰을까? 최저임금 인상이 고용에 미치는 인과성causality을 규명하고 그 효과의 크기를 정확하게 추정하는 것은 어려운 일이다. 왜냐하면 최저임금이 인상될 때 고용에 영향을 미치는 다른 요인도 동시에 변하는 경우가 많기 때문이다. 또 최저임금을 결정할 때 경제성장, 물가 등 다양한 경제 요인을 고려하기 때문에 단순히 최저임금과 고용의 관계를 보게 되면 최저임금이 고용에 영향을 미친 것인지, 반대로 (예측된) 고용이 최저임금에 영향을 준 것인지 구분하기 어렵다. 예를 들어, 2022년에 경기 호황이 예상되는 시점에서는 최저임금 인상에 대한 우려가 상대적으로 약할 것이며 따라서 최저임금 인상률을 높게 책정할 수 있다. 그리고 이런 경우 실제로 최저임금이 올랐음에도 고용의 감소가 나타나지 않을 수 있다. 호황으로 노동 수요 자체가 증가했기 때문이다. [그림 1]에서 최저임금이 8,000원으로 올랐을 때 동시에 노동 수요가 증가하게 되면 고용은 오히려 E3으로 증가할 수 있다.

이정민·황승진(2016)은 최저임금 인상의 인과적 효과를 추정하기 위해서 근로자를 연령, 교육 등 특성별로 구분한 후, 각 집단별로 최저임금이 인상될 때 임금이 인상되어야 하는 근로자의 비중인 적용 근로자bound workers 비중을 구했다. 적용 근로자의 비중은 최저임금 인상으로 인해 각 집단이 받게 된 비용 상승 압력이라고 볼 수 있다. [그림 2]는 연도별 (실질) 최저임금 인상률과 적용 근로자의 비중 사이의 상관관계를 보여주는데, 최저임금이 많이 인상될수록 적용 근로자의 비중이 커지는 것을 알 수 있다.

그림 2 최저임금 인상률과 적용률

단위: %

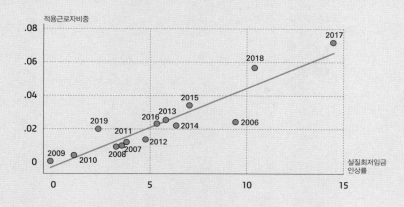

*2010년 기준 실질

다음으로 이정민·황승진(2016)은 적용 근로자의 비중에 따라 다음 해 실제로 최저임금이 인상되었을 때 특성별 집단의 고용증가율이 달라지는지를 검증했다. 그 결과 적용 근로자가 상대적으로 많은 집단일수록 다음 해의 고용증가율이 둔화된다는 사실을 발견하였다. 적용 근로자의 비중이 높은 집단일수록 임금도 더 많이 증가하는 것으로 나타났지만, 고용이 줄어드는 것은 임금의 증가가 고용의 감소를 통해 얻어진 것을 보여주는 것이다.

[그림 3]은 이정민·황승진(2016)과 동일한 연구 방법으로 데이터를 2019년까지 확장한 후, 최저임금 적용률이 0인 경우와 양의 값을 가지는 경우 50분위로 관측치를 구분한 후 각 구간에서의 전일제 일자리 기준 평균 고용증가율을 그래프로 나타낸 것이다. 적용 근로자의

노동시장의 신중한 혁신 | 이정민

그림3 **최저임금 적용 근로자 비중과 고용증가율**(전일제 일자리 기준) 단위: %

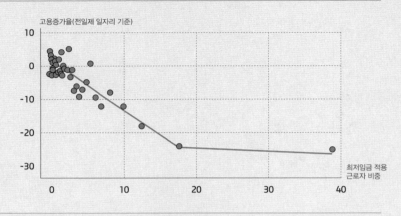

비중이 높은 집단의 고용증가율이 낮은 경향이 있다는 사실이 분명하게 나타난다.

　김대일·이정민(2019)은 2018~2019년 최저임금 인상의 효과에 집중하여 분석을 진행하였다. 2018년과 2019년에 최저임금은 두 해 연속으로 10% 이상 인상되었다. 따라서 정부가 적극적으로 추진하던 소득주도성장 전략을 둘러싼 논쟁이 최저임금 인상과 더불어 고조되었고, 최저임금정책의 효과에 대한 과학적 평가가 매우 중요했다. [그림 4]는 통계청의 경제활동인구조사 데이터에 나타난 월별 전일제 일자리 추세를 나타낸다. 최저임금이 크게 오른 2018년 1월부터 일자리가 감소한 것을 확인할 수 있다. 이러한 추세의 전환 중에서 일부는 경기변동과 같은 제3의 원인에 의해 견인된 것일 수도 있다. 하지만 새로운 최저임금이 적용되는 바로 1월부터 추세의 전환이 시작되었다는 점에서 상당 부분 최저임금의 효과일 개연성도 높다고 본다. 김대일·이정민(2019)은 이정민·황승진(2016)에서와 유사하게 근로자 특성별로 집단을 구성한 후 집단별 적용률과 집단별 고용증가율을 비교하는 분석을 시행하였다. 분석 결과, 최저임금 인상에 따라 고용이 감소했으며 그러한 최저임금의 영향이 2018년 이후 추세 전환의 25% 정도를 설명한다는 사실을 발견하였다.

Chun·Lee·Shin(2021)에서는 최저임금 인상이 고용에 미치는 영향을 좀 더 동태적인 관점에서 기업의 진입과 퇴출에 미치는 영향과 함께 살펴보았다. 만약 최저임금 인상이 고용을 줄인다면 그중 어느 정도가 기존 기업에서 채용을 줄이거나 고용을 축소하기 때문인지, 또 어느 정도가 기업의 퇴출이나 새로운 창업의 부진에서 기인한 것인지를 실증적으로 규명하고자 하였다. 이런 식으로 일자리의 창출과 파괴라는 두 가지 측면에서 고용의 변화를 분해해서 살펴보게 되면 단순히 고용증가율의 변화나 고용량의 변화에서 볼 수 없었던 새로운 시사점을 얻을 수 있다. 예를 들어, 최저임금의 인상으로 일자리가 파괴되었지만 그만큼 새로운 일자리가 창출되었다면 최저임금 인상 전후로 고용량에는 변화가 없지만 일자리를 잃은 자와 얻은 자가 나타나고 노동시장에 큰 변화가 있었던 것을 알 수 있다.

또한 이 연구에서는 기존의 연구들과는 달리 최저임금 인상이 임금근로자뿐만 아니라 비임금근로자non-wage workers, 특히 자영업자에게 미치는 영향을 분석하였다. 자영업자는 최저임금의 적용을 직접적으로

그림4 **경제활동인구조사 월별 일자리 추세: 2018년 이후 추세 전환**

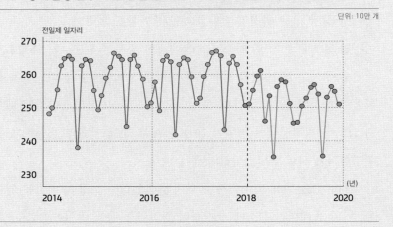

단위: 10만 개

받지는 않지만 최저임금의 인상은 자영업자가 운영하는 사업의 인건비를 상승시키고 또 자영업자가 영업을 지속하는 데 따르는 기회비용을 상승시켜 간접적인 방식으로 자영업자에 영향을 줄 수 있다. 전국 사업체 조사의 전수 자료를 분석한 결과, 실제로 최저임금의 인상은 자영업자에도 상당한 영향을 미치는 것으로 나타났다. 특히 소규모 영세사업체를 운영하는 자영업자, 도소매, 음식숙박업 부문의 자영업자에게 부정적인 영향을 미치는 것으로 나타났다. 최저임금의 효과가 소규모 사업체의 퇴출에 의해 기인한다는 사실은 사업체 수준의 패널 자료를 이용한 Lee·Park(2021)의 연구에서도 동일하게 발견된 바 있다.

산업별로 최저임금 인상의 효과를 살펴보면 제조업과 서비스업 모두에서 부정적 효과가 뚜렷하게 나타났다. 이러한 결과는 서비스업보다는 제조업에서 최저임금의 고용효과가 주로 나타난 해외 연구와 다른 결과이다. 이것은 시장경쟁이 치열하고, 노동력 위주의 규모가 영세한 사업체의 비중이 높은 한국 서비스업의 특수성을 반영한 결과이다.

그동안의 연구를 통해 알 수 있는 사실 중 하나는 한국의 경우 최저임금 인상에 취약한 부문이 상대적으로 크다는 것이다. 장기적으로는 이렇게 작은 외부 충격에도 취약한 부문의 경쟁력을 향상하고 안정적인 경제구조를 구축할 필요가 있다.

단기적으로는 최저임금을 신중하게 결정할 필요가 있다. 무엇보다 최저임금의 효과는 경기변동에 따라 상당히 다르게 나타날 수 있기 때문에 경기 상황을 가장 최우선으로 고려할 필요가 있다. 이를 위해서는 최저임금 결정 과정에서 비경제적인 정치적 영향력을 배제하는 것이 필수적이다. 그런데 한국의 최저임금 결정 과정은 오히려 정치적 영향력에 취약한 구조를 가지고 있다. 최저임금을 실질적으로 결정하는 최저임금 심의위원회는 노동자위원, 사용자위원, 공익위원으로 이루어져 있는데 보통 노사는 조정 불가능한 입장을 가지기 때문에 협상이 원활하게 이루어지지 못하고 파행을 맞는 경우가 허다하다.

한 가지 대안은 정부가 최저임금 결정 과정에서 주된 의사결정자로 나서는 것이다. 사실 이것은 혁신적인 변화가 아니다. 이인재(2018)의 연구에 따르면 한국의 최저임금은 정부가 선임한 공익위원을 통해 사실상 정부의 의견대로 결정되고 있기 때문이다. 오히려 정부가 명시적으로 최저임금을 직접 결정함으로써 중간 과정을 간소화하고 불필요한 사회적 갈등을 줄여 의사결정의 효율성을 높일 뿐만 아니라 정책결정의 책임감도 높아지는 긍정적인 결과가 나타날 것이다. 또한 최저임금은 근로장려세제나 실업급여 같은 다른 정책과 연계되어 있는 경우가 많다. 따라서 관련 부처의 협의를 통해 적절한 정책조합을 구성할 필요가 있다.

최저임금제도는 19세기 후반 공장 근로자를 대상으로 처음 시행된 오래된 제도이다. 그동안 노동시장의 취약계층을 보호하기 위한 법적 제도적 장치가 발달해왔고 국가적 수준에서 근로빈곤층을 위한 복지제도 역시 확대 발전해왔다. 따라서 최저임금제도를 통해 저임금근로자를 보호해야 한다는 부담은 점차 줄어들고 있다. 또한 최근 기술의 빠른 발전으로 노동의 유연성이 커지고 노동의 형태 역시 과거와 비교할 수 없을 정도로 다양해지고 있다. 그런 점에서 노동의 가치를 내용과 결과에 상관없이 지극히 단순하게 시간 단위로 정하는 최저임금제도가 얼마나 의미가 있는 것인지, 혹은 앞으로 얼마나 더 지속될 것인지 의문이다.

금융시장의
현안과 정책

안동현 서울대 경제학부 교수

금융시장과
거시경제 환경 진단

가계부채와 자산 가격 버블

금융시장 안정과 관련하여 중요한 한국 경제의 현상 중 하나는 가계부채의 급증이다. 국제결제은행BIS 자료를 보면 2020년 우리나라 가계부채는 국내총생산GDP 대비 103.8%로 43개 국가 중에서 7위 수준이다. 이는 대략 GDP의 40%에 해당되는 것으로 추정되는 전세나 월세 보증금이 빠진 수치여서 이 부분까지 합산할 경우 한국은 가계부채 비율이 현재 가장 높은 스위스보다 더 높아지게 된다.

가계부채는 최근의 저금리 현상으로 인해 증가한 측면이 있지만 부동산 정책 실패로 인한 집값 폭등이 가장 큰 요인이라고 본다. 실제로 한국의 GDP 대비 가계부채 비율은 2016년까지 완만한 움직임을 보이다 2017년부터 급등하기 시작했다. 이는 정확히 부동산 가격 폭등 시점과 맞물린다. 부동산 가격 상승과 이로 인한 가계부채 증가, 이후 갭투자 등으로 다시 부동산 가격이 상승하고 가계부채가 증가하는 악순환이 발생했다.

이러한 가계부채 급증으로 인해 금융시장을 비롯하여 거시경제 전체의 불안정성이 커졌다고 할 수 있다. 가계부채는 크게 두 가지의 형태로 증가하는데 하나는 주택담보대출이고 다른 하나는 생계형 대출이다. 가계부채에서 많은 비중을 차지하는 주택담보대출의 경우 강력한 주택담보인정비율LTV 규제로 인해 전반적인 LTV 수준이 낮은 상황이라 향후 20~30%의 자산 가격 하락에도 채무불이행 위험은 그리 크지 않다고 본다. 특히 MZ 세대의 주택 구입 대기 수요가 있기 때문에 1~2년 사이에 문제가 될 가능성은 적다. 다만 전세라는 그림자 금융의 경우 최근 전세가 급등으로 인해 암묵적 LTV 비율이 매우 높기 때문에 부동산 가격이 하락할 경우 '깡통아파트'와 같이 부도 위험에 노출될 수 있다. 또한 문제가 되는 것은 생계형 대출이다. 코로나19로 인해 자영업자들이나 일용직들의 생계가 어려워지면서 생계형 대출이 급등하고 있다. 백신 접종률이 높아지고 있지만 델타 변이로 인한 돌파 감염 때문에 확진자 수는 오히려 높아지고 있다. 그러나 백신이 치명률을 낮추는 효과는 분명하기 때문에 정부의 방역정책에 변화가 요구된다. 즉, 자영업자가 받고 있는 경제 피해와 확진자 수 간의 트레이드-오프를 이제 경제 피해와 사망률 간의 트레이드-오프로 전환할 때가 온 것이다. 이럴 경우 생계형 대출의 상환율은 근본적으로 높아지게 된다. 이와 더불어 생계형 대출의 형태로 돈을 빌려 고위험 투자처에 투자한 경우가 많다. 결국 이러한 대출을 제공한 카드사나 캐피털, 대부 업체 측에서는 디폴트가 될 가능성이 높아진 것이다.

더 큰 문제는 자산시장 간 부의 상관계수 위험과 관련된 문제다. 일반적으로 사람들은 부가 줄어드는 상황일 때 위험회피도가 커지면서 위험자산 비중을 먼저 줄이는 경향을 보인다. 현재 자산 가격의 버블 현상은 부동산 시장만이 아니라 주식이나 가상화폐 시장 등에서 동시에 나타난다. 결국 사회 전반에서 빚으로 쌓아 올린 자산 가격의 버블이 터질 가능성이 커진 것이다. 이러한 상황에서 부동산 가격이 하락할 경우 주가도 같이 폭락할 가능성이 있다. 자산 가격 하락에 따른 부의 감소로 인해 소비도 타격을 입을 수 있다. 결국 거시경제 전체의 위험도가 증가했다고 볼 수 있다.

자산 가격 상승으로 인한 금융 불균형과 통화정책 기조 변화

가계부채 급증과 자산 가격 상승 현상으로 인해 최근 한국은행은 금융 불균형을 언급하면서 금융 안정에 대한 적극적인 정책 대응의지를 보이면서 8월 금리인상을 단행했다. 가계 등 특정 부문에 대한 급격한 신용 팽창 및 주식이나 부동산 등 자산 가격이 급등하는 금융 불균형에 대한 적극적인 대응은 결국 한국은행이 기존의 행보와는 달리 보다 적극적으로 자산 가격 반등에 대응하겠다는 의미로 해석할 수 있다.

이러한 한은의 정책 기조 변화는 금융 불균형으로 인해 유발될수 있는 거시경제 위험성에 대한 인식에 기초한다. 자산 가격이 높아진 상황에서 향후 자산 가격 하락으로 자산이 줄어들면 소비가 감소하여 결국 거시경제에 악영향을 미치게 되기 때문이다. 한은은 이에 대비하고자 2021년 8월에 전격적으로 기준금리를 인상했다. 특히 자산 가격이 떨어지면 자산 보유를 위해 대출을 받은 국민 상당수가 피해를 입게 될 것이기에 여기에 선제적인 대응을 하겠다는 것으로 보인다.

향후 코로나19 확진자 숫자가 변수가 되겠지만, 이러한 금리인상 기조는 앞으로도 지속적으로 이어질 것으로 보여 2021년 8월에 금리를 인상한 데 이어서 앞으로 연내 한두 차례 정도는 더 금리를 인상할 것으로 본다.   2020년 코로나19로 인한 금리인하는 경기부양 목적도 있으나 특히 일시적 현금 부족 현상에 대한 대응의 일환이었다. 코로나19로 인해 특히 피해를 입은 자영업자와 기업의 경우 사회적 거리 두기로 인한 매출 증발로 현금 부족 자체가 심각한 문제였다. 현금 회전율이 높은 곳은 현금 보유율이 낮기 때문에 더 타격이 컸다. 이를 감안하여 한은이 0.5%까지 기준금리를 내린 것이다.

향후 금리인상이 불가피한 이유는 이러한 현금 부족 현상이 다소 해소된 상황에서 이미 저금리로 경제를 부양하는 효과가 소진되었기 때문이다. 오히려 중국이나 미국, 유럽, 일본 등 선진국을 중심으로 코로나19 이후 과도하게 풀린 유동성을 회수해야 한다는 논의가 진행 중이다.

이를 위해 거시건전성 규제만으로 자산시장 움직임에 대응하는 것을 넘어서 통화정책 차원에서의 대응이 필요해졌다고 본다. 경제의 유동성은 주로 통화정책과 거시건전성 규제를 통해 관리된다. 통화정책은 '무딘 칼'로 불리는데, 비차별적 정책의 특성상 특정 부문이나 주체에 대해 선별적으로 적용하기 어렵기 때문이다. 이를 보완하기 위해 사용되는 거시건전성 규제는 주로 금융 규제 등의 방법으로 유동성을 관리하는데, 정부가 LTV와 총부채 원리금 상환비율$_{DSR}$을 꾸준히 강화하는 것은 이러한 거시건전성 규제의 일환이다.

문제는 부동산시장이 과열되면서 규제를 회피하려는 인센티브도 강해져 결국 거시건전성 규제의 실효성이 떨어질 우려가 있다는 점이다. 또한 현재는 과거에 비해 통화유통속도와 통화승수가 떨어진 상태로, 이러한 상황에서 시장의 유동성을 늘리면 실물경제로 돈이 흘러가는 것이 아니라 자산시장 버블로 이어지게 된다. 결국 지금처럼 자산 가격 거품이 심한 상황에서는 '무딘 칼'이더라도 기준금리인상이 정답에 가까울 수 있다.

향후 금리인상이 이루어지면 특히 기업과 관련하여 한계기업과 좀비기업이 타격을 입을 것이다. 코로나19 사태 이후 상당수 한계기업에 대해 정부가 대출 원금과 이자 상환을 유예해주었고, 그 결과 우량기업과 한계기업의 옥석을 가리는 과정이 없어졌다. 앞으로 기준금리를 인상하게 되면 이러한 한계기업을 구조조정하는 기회가 될 수 있다.

한계기업의 도태로 인해 예상되는 고용 감소의 문제는 새로운 기업이 고용을 흡수하는 형태와 같은 다른 방식으로 해결해야 한다고 본다. 이를 위해 정부가 재취업을 위한 재교육 등에 신경 써야 할 것이다. 특히 금융과 관련하여 베이비붐 세대와 앞으로 퇴직이 예상되는 X 세대에게는 핀테크 등 디지털 기술에 대한 거부감으로 인해 디지털 문맹이 되지 않도록 관련 재교육에도 관심을 기울여야 할 것이다.

국가부채 급증과 정부부채 관리 방안

코로나19 이후 통화정책만이 아니라 재정정책에서도 많은 변화가 있었고 이를 바탕으로 금융시장에도 영향이 있을 것으로 본다. 2020년 한국의 국가채무 비율은 44.2% 수준으로 이는 중앙정부와 지방정부 채무를 더한 D1 기준이다. 경제협력개발기구OECD 등에서는 D1에 비영리 공공기관 부채를 더한 일반 정부 채무인 D2로 국가 간 비교를 하는데 한국의 경우 D2는 2020년 말 기준으로 48.4%에 달한다. 일부에서 미국 등과 비교하여 한국의 국가채무 수준이 낮은 편이라고 하는 의견에 대해서는 국가채무 운영에 있어 기축통

그림1 2020년 말 기준 국가부채비율(D2)

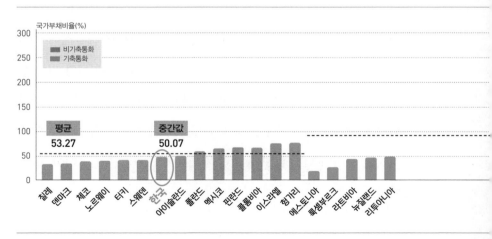

화국과 비기축통화국의 차이를 고려해야 한다고 본다. [그림 1]에서
보듯 OECD 37개 국가 중에서 기축통화를 사용하는 국가는 23개국
으로 전체 회원국의 62%가 이에 해당한다. 단순평균으로 기축통화
국의 부채비율은 95.8%이지만 비기축통화국은 53.3%에 불과하다.

특히 염려되는 부분은 한국의 부채 증가 속도가 너무 빠르다는
것이다. 2020년부터 2025년까지 국가채무 증가폭은 16.6% 포인트
로 OECD 국가 중 두 번째로 높은 증가율을 보일 것으로 예상된다.
이 추세라면 [그림 2]에서 보듯 2025년에는 한국의 국가부채가 D2
기준으로 65%에 육박한다. 이는 OECD 비기축통화국 중에서는 이
스라엘과 핀란드 다음으로 세 번째로 높은 수치이다. 여기에 한국의

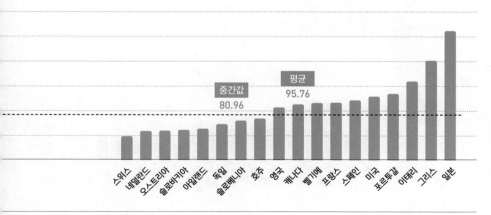

출처: WEO(IMF)

금융시장의 현안과 정책 | 안동현

저출산·고령화 문제를 생각하면 지금부터 국가채무를 줄여야 한다. 이를 위해 재정수입(세수)과 재정지출(세출)에 대한 관리가 필요하다. 가장 원론적인 방법은 세수만큼 쓰면 된다. 100원 벌어 100원 쓰는 것이다. 100원 벌었는데 120원을 쓰면 채무가 늘어난다.

남은 20원의 조달 방법은 두 가지로, 하나는 국채 발행이다. 이는 결국 미래 세대가 갚으라는 얘기다. 다른 하나는 본원통화를 발행하는 것이다. 이렇게 하면 물가가 오른다. 이러한 부작용 없이 국가채무를 줄이려면 20원에 대한 조달 비용 이상의 투자수익률을 거둬야 한다. 즉 국채를 통해 20원을 조달했다면 국채의 실질금리보다 실질 경제성장률이 높으면 된다. 결국 국가채무 관리를 위해서 정부는 재

그림 2 **2025년 말 기준 국가부채비율(D2) 예상치**

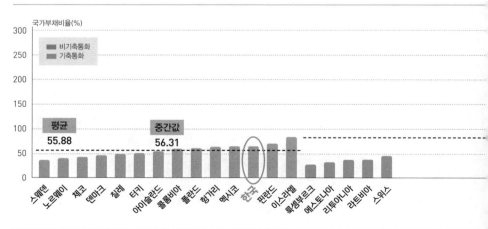

정지출 줄이기에 나서든지 국가 전체적으로 생산성이 높은 곳에 투자를 해야 한다.

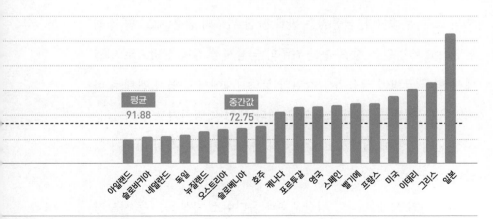

평균
91.88

중간값
72.75

아일랜드 슬로바키아 네덜란드 독일 뉴질랜드 오스트리아 슬로베니아 호주 캐나다 포르투갈 영국 스페인 벨기에 프랑스 미국 이태리 그리스 일본

출처: WEO(IMF)

금융시장의 현안과 정책 | 안동현

금융정책 진단과
정책 제안

문재인 정부 정책 운용 평가: 사모펀드 사태

문재인 정부 정책 중에서는 눈에 띌 만한 금융정책이 없다고 본다. 그 이유 중 하나는 금융위원회(이하 금융위)와 금융감독원(이하 금감원)의 소통 부족이다. 금융위는 관료 출신 위주의 금융 제도 및 정책 담당이고 금감원은 정권 출신 위주의 금융시장 감독 담당으로 정권에서 힘의 균형이 금융위-금감원의 상하관계에서 수평적 관계로 바뀌었다. 문제는 그 결과 소통의 부재와 책임 떠넘기기로 인해 금융시장 관리 감독에 실패하고 앞으로의 문제를 키우는 식의 대처가 많았다는 점이다.

대표적인 사례로 라임 자산운용과 옵티머스 자산운용 등 사모펀드 사태를 들 수 있다. 사모펀드 사태에는 물론 자본시장법을 통과시켜 진입장벽을 5억 원에서 1억 원으로 낮추는 사모펀드 규제 완화를 통해 사모펀드 사태의 단초를 제공한 금융위와 국회에도 책임이 있다. 그러나 금감원도 사모펀드 사태에 있어서 감독을 잘못한 책임이 있다. 사건 발생 당시 금감원은 감독 부실의 책임을 제대로 지지 않았고 금융위에 책임을 떠넘기며 대규모 금융기관 제재 방안만 내놓았다. 은행이나 증권회사 판매 쪽의 불완전판매로 은행장이나 지주회사 회장, 증권사 사장에게 관리 책임을 묻는 것이다.

하지만 관리 책임을 문제 삼을 경우 같은 논리로 금감원 또한 책임을 져야 한다. 금감원은 이번 징계에서 내부 통제 시스템 미비를 사유로 들었다. 문제는 금감원이 금융기관을 검사할 때 내부 통제 시스템을 항상 살펴본다는 것이다. 사건 발생 전에는 문제가 없다고 하다가 사건이 터진 이후 금융사의 내부 통제 시스템 미비로 책임을 묻는 것은 자기 얼굴에 침을 뱉는 격이다.

또 다른 문제는 사모펀드 사태의 해결 과정에서 금감원이 소비자를 보호한다는 명목하에 100% 배상 결정을 내렸다는 점이다. 투자자 중에는 기관투자자 외에 개인이라도 전문투자자가 있다. 전문 지식을 갖춘 소비자까지 모두 배상을 해준다는 것은 문제가 있다. 게다가 이러한 결정으로 앞으로 투자 상품에서 손실을 본 사람은 일단 불완전판매를 들어 손해배상을 요구할 유인을 갖게 될 것이다.

여기에 앞으로는 고위험 상품 판매 시 이사회가 승인을 하고 책임을 지도록 했다. 물론 금융소비자 보호는 매우 중요하다. 소비자는 정보의 비대칭성으로 인해 피해를 볼 가능성이 있기 때문이다. 문제는 소비자 보호는 개별적으로 시시비비를 가려야 하는데 사모펀드 사태와 같이 일괄적으로 판매자 책임이라고 하게 되면 결국 금융 상품의 다변화가 막히면서 금융시장이 위축된다는 점이다. 특히 기업들 중에서 주식 유상증자 발행으로 자금 조달에 한계가 있는 경우 주식과 채권의 중간형 상품인 전환사채 등을 발행해서 자금을 조달하는 경우가 있다. 이런 상황에서 고위험 상품에 대해 이사회 승인 책임 의무를 지우게 되면 발행기능의 축소로 이어질 수 있다. 결국 이미 어려운 중소기업의 자금 조달에까지 부정적인 영향을 끼칠 수 있다.

금융시장 관련 정책 제안: 금융위와 금감원 지배구조 개편

이와 관련하여 시급한 정책과제는 금융위와 금감원의 구조 개편이라고 본다. 먼저 금감원의 역할은 크게 거시건전성 감독과 소비자 보호로 나뉜다. 문제는 이 두 역할이 서로 상충된다는 점이다. 거시건전성 감독을 강화하면 금융기관이 운영상 위험 부담을 낮추도록 규제하게 되고, 금융기관은 위험 대출을 줄이게 되어 결국 취약계층에 돈이 흘러가지 못한다. 결국 금융 접근성이 떨어지는 금융소비자 보호를 위해서 금융기관의 경영에 제약을 가하게 되고 손실을 입힐 수 있다. 이러한 역할 상충 문제에 대해 금융소비자 보호청을 만드는 것이나 쌍봉형 운영 등의 대안이 제시되고 있는데 결국은 조직의 형태보다는 실제 운영방식이 더 중요하다고 본다.

금융위와 금감원 각각의 지배 구조를 어떻게 할 것이냐의 문제도 생각해봐야 한다. 결국 감독과 정책의 분리가 중요한데, 사실 문재인 정권에서는 정권과 관계된 교수 출신의 실세 금감원장과 부원장이 임명되면서 힘의 균형에 있어 금융위에 밀리지 않았으니 어떤 면에서는 감독과 정책의 분리가 일어났다고 봐도 무방하다. 하지만 결과적으로 잘 운용되었나 하는 점에서는 의문이다.

중요한 것은 관리 감독에 있어서 얼마나 금융기관의 독립성을 보장하면서 중립적으로 할 수 있느냐의 문제다. 이러한 점에서 문재인 정권에서는 금감원이 지나치게 넓은 범위를 감독하는 경향을 보였는데 이는 금융기관 경영의 중립성과 독립성 훼손으로 이어질 수 있다. 문재인 정부 초기에 채용 비리와 관련하여 금감원이 나서서 은행장을 처벌한 사례가 있다. 당시 금감원은 은행법 2조를 들어 은행의 건전한 경영을 위해 할 수 있는 조치를 했다고 하지만, 이는 금감원이 할 일이 아니라 검찰이나 경찰이 할 문제다. 또한 금융기관에 대한 감독이 예측 가능해야 다른 부작용을 줄이고 감독 대상의 행위를 규제목적에 맞게 조정할 수 있다. 결국 현재와 같이 금융기관이 과도하게 금감원의 눈치를 보게 만들 필요가 없다는 의미다.

금융시장 관련 정책 제안: 공매도 정책

코로나19 사태 이후 공매도 중단과 재개를 둘러싸고 많은 논의가 있다. 학자들은 대부분 공매도에 순기능이 있다고 본다. 하지만 한국의 경우 한국 주식시장의 특성을 고려할 필요가 있다. 한국의 코스닥 주식시장과 미국 시장을 비교해보면, 미국의 경우 주식시장에 상장 주식 수가 줄어들고 있다. 인수합병 등으로 종목이 줄어드는 것이다. 미국 실리콘밸리 회사는 상장이 아니라 대기업에 매각하는 것이 목표이기에 상장까지 기다려야 할 유인이 적다. 반면 한국의 기업은 상장 유지가 자금 회수에 매우 중요하다. 결과적으로 많은 기업이 상장의 문을 두드리게 되고 매출이 작은 기업들도 상장이 된다.

이렇게 되면 주식 수요는 한정되어 있는데 공급이 늘어나다 보니 주가 상승 여력이 훼손되고 무엇보다 거래량이 떨어지다 보니 가격 조작이 쉬워진다. 코스피 200의 경우 별문제가 없어 보이나 코스

닥시장의 경우 거래 규모가 작은 기업이 많이 상장되어 있어 적은 규모의 돈으로도 시세 조정이 가능하다. 또한 감독 기관이 있어도 외국인 거래, 해외 거래를 통한 공매도를 통한 시세조종은 잡아내기 어렵다. 결국 현재와 같이 감독 시스템이 미비한 상황에서는 거래량이 낮은 종목에 대해서 일정 정도 규제를 해야 한다. 한 주체가 일정 이상 공매도 포지션을 갖지 못하도록 하는 것도 생각해볼 수 있다. 이와 더불어 외국인 대비 내국인에 대한 역차별에 가까운 현재의 규제 체계도 손봐야 한다.

금융시장의 현안과 정책 | 안동현

금융시장의 변화:
가상화폐와 CBDC, DeFi, 빅테크 경쟁

가상화폐와 CBDC

금융시장에 있어 앞으로의 가장 중요한 변화 요소 중 하나는 가상화폐다. 가상화폐가 현재의 화폐를 대체할 것인가에 대해서는 중앙은행이 화폐 주조에 대한 독점적 권리seigniorage나 이를 활용한 통화정책을 포기할 수는 없는 상황이다. 이 때문에 가상화폐가 현재 화폐를 완전히 대체하는 것은 불가능하다. 더불어 앞으로 가상화폐의 가치가 어떻게 될 것인가에 대해서는 아무도 알 수 없다. 다만 시장이 선호도와 신뢰를 부여하기 시작하면 금이나 석유처럼 일정 부분 가치를 저장하는 기능을 할 것으로 예상한다.

이와 더불어 중앙은행이 발행하는 중앙은행 디지털 화폐CBDC에 대한 논의도 활발하다. 중국이 CBDC에 적극적인데 이는 미국 달러 중심인 통화 체제를 중국 위안화로 대체하겠다는 복안을 갖고 있어서다. CBDC가 발행될 경우 민간 가상화폐의 거래 수단으로서의 기능은 급격히 축소될 가능성이 있다. 그렇다고 CBDC가 민간 가상화폐가 갖는 가치 축적의 기능을 완전히 제거할지에 대해 판단하기는 아직 이르다. 그 이유 중 하나는 CBDC의 운영 구조에 있다. CBDC는 발행하는 순간부터 사용 내역을 정부가 다 볼 수 있는 구조다. 엄청난 빅브라더가 생기는 것이다. 이러한 점에서 개인 정보와 사생활 보호에 철두철미한 미국이나 서구에서는 CBDC 발행과 유통이 쉽지 않을 것이라고 본다. 이를 법적으로 푸는 데 한계가 있다. 기술적으로 이 문제를 뛰어넘을 수 있느냐가 관건이다.

정부의 가상화폐 정책과 관련하여 향후 가상화폐 시장이 살아남기 위해서는 금융소비자 보호에 신경 써야 한다. 우선 거래소 상장위원회나 코스닥 상장위원회처럼 코인 상장을 까다롭게 감독하는 것이 필요하다. 현재는 암호 화폐 거래소가 담당하고 있는데 이러한 경우 소비자보호를 담보할 수 없다. 두 번째는 시장감시위원회와 같은 조직이 필요하다. 시장감시위원회는 시장에 불공정거래가 없는지 실시간으로 감시하는 곳이다. 개별 거래소 차원의 감독은 비용도 더 들 뿐만 아니라 비효율적이므로, 각 가상화폐 거래소에서 공동으로 투자하여 이러한 역할을 담당하는 기관을 상설하고 독립성을 부여해야 한다.

세 번째는 돈세탁이나 외화 유출과 같은 부작용을 막기 위해서
금융정보분석원FIU이 거래 정보에 접근할 수 있어야 한다. 실질적으
로 이러한 감독 기능을 구현하기 위해서는 기술적인 문제와 개인 정
보 보호와 같은 해결하기 어려운 문제들이 산적해 있다. 그렇기 때
문에 이를 해결하기 위해 금융정보분석원 측에서도 촉각을 세우고
막대한 투자를 통해 대비해야 한다.

DeFi

가상화폐 시장에서 중개인 없이 탈중앙화된 투명한 금융서비스
로서 DeFiDecentralized Finance가 부상하고 있다. 즉 거래를 중개하고 수수
료를 받는 거래소 운영자 없이 거래 참여자가 이익을 나눠 갖는 구
조다. 이런 방식으로 거래되는 소위 DeFi 코인의 경우 코인 가격 상
승 시 이를 거래소에 예치한 사람이 수수료를 받는다.

DeFi의 등장이 금융시장에 가져올 변화 중 중요한 부분은 인센
티브 구조에 있다고 본다. 탈중앙화된 거래소의 대표 격인 유니 스
와프의 경우 직원 7명이 플랫폼을 만들고 플랫폼에 참여한 사람들
이 이익을 나눠 갖는다. 이러한 디지털 협동조합식의 인센티브 구조

는 특히 이익 배분에 민감한 젊은 세대들의 가치에 맞다. 상품을 만들어내는 파이낸셜 엔지니어링을 극대화할 수 있는 구조이기도 하다.

DeFi가 가장 먼저 영향을 줄 것으로 보이는 곳은 자산운용 시장이다. DeFi는 블록체인의 거래 편의성을 높이고 거래 비용을 낮추는 효과가 있다. 이러한 거래비용 차이에 따라 DeFi를 바탕으로 한 CyberFi(암호화폐로 하는 모든 금융거래)가 전통적인 금융에 어떻게 대항할 것인가 하는 단초도 여기서 찾아볼 수 있을 것으로 본다. 결국 DeFi로 인해 금융시장 전반의 거래 비용 감축을 가져올 것으로 예상한다. 물론 이러한 DeFi는 금융감독의 사각지대에 놓여 불공정거래나 소비자 보호에 취약한 만큼 각국 금융당국이 강력한 규제를 가할 가능성이 높아 규제 리스크에 처해 있다. 결국 시장 자체의 자율규제가 얼마만큼 효율적으로 작동하는지, 그리고 무엇보다 민간 가상화폐의 경쟁력이 어느 정도인지에 따라 향방이 결정될 것이다.

전통적 금융사와 빅테크 기업 간 경쟁

현재 한국 금융시장은 전통적legacy 금융사와 빅테크 기업이 경쟁을 벌이고 있다. 네이버와 카카오로 대표되는 ICT 기업이 금융시장에 적극적으로 진출하면서 기존 금융사들과 경쟁하고 있는데, 앞으로 경쟁이 치열하게 전개될 것으로 보인다. 특히 카카오의 강점은 ICT 기술로, 기존의 은행이 가지고 있던 디지털 마인드 셋과 완전히 다른 쪽으로 접근하고 있다. 많은 국민들이 이미 카카오톡을 쓰는데 여기에 금융이 연계되었기 때문에 접근성과 편리성 면에서 기존 금융사가 따라오기 어렵다. 또한 정부에서 인터넷전문은행 특성상 정책적으로 규제 수준을 완화했다. 한국만큼 은행 규제가 많은 곳이 없는데 어떻게 보면 규제의 역차별이라고도 볼 수 있다.

결국 이러한 경쟁에서 살아남기 위해서는 기존 은행들이 분발해야 한다. 기존 은행들도 디지털 총력전을 벌이고 있어 디지털화의 격차는 줄어들 것이다. 여기에 금융위가 앞으로는 기존 은행들과 인터넷전문은행을 대등한 위치로 보고 수평적으로 규제할 것으로 보인다. 이는 지금까지와는 달리 카카오뱅크를 비롯한 빅테크 기업이 추가로 성장하는 데 있어서 뛰어넘어야 할 장애물로 작용할 것이다. 그러나 기존 은행은 아무리 디지털 기반이 강해져도 이미 널리 쓰이는 플랫폼을 바탕으로 쉽게 사업을 확장할 수 있는 빅테크 기업에 쉽게 대처하기는 어려울 것이다. 여기에 빅테크 기업의 유연한 사고와 기술을 바탕으로 한 과감하고 혁신적인 운영방식까지 뛰어넘어야 한다. 결국 기존 금융사들은 환골탈태해야 살아남을 것이다.

가계부채, 국가부채
그리고 자본시장

가계부채와 통화정책

앞에서 언급한 바와 같이 가계부채의 급격한 증가는 기존 통화정책 기조를 유지하는 것에 대한 우려를 키웠다. 대표적으로 한국은행이 2021년 6월에 발표한 금융안정보고서를 보면, 금융안정지수(금융안정과 관련된 실물 및 금융 부문의 20개 월별 지표를 표준화하여 산출한 0~100 사이의 지표로, '주의'와 '위기' 단계 임계치를 각각 8과 22로 설정)와 금융취약지수(자산시장 가격, 신용 규모, 금융기관 복원력 등 총 39개의 세부지표를 통해 측정한 금융 시스템 취약성 지수)가 서로 상반되는 측면이 있기는 하나, 전체적으로 금융 시스템 전반에 대한 경계감을 키울 필요가 있다는 점을 일깨워주고 있다.

자세히 살펴보면 금융안정지수는 2020년에 코로나19 팬데믹이 본

그림1 금융안정지수

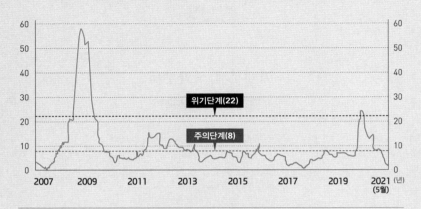

1) 금융안정 관련 실물 및 금융 부문의 20개 월별 지표를 표준화하여
   산출한 종합지수(0~100). 주의 및 위기 단계 임계치는 'noise-to-
   signal ratio' 방식에 따라 각각 8과 22로 설정
2) 2021년 4월 및 5월은 잠정치

출처: 한국은행 2021년 6월 금융안정보고서

격적으로 시작되며 위기단계를 넘어선 이후 계속해서 하향하면서 상당히 낮은 값까지 하락하였다. 반면, 금융취약지수는 같은 기간 동안 지속적으로 우상향하였는데 이는 [그림 2]에서 보는 바와 같이 글로벌 금융위기 이후 가장 높은 수준이다. 금융취약지수는 금융안정지수와 달리 조금 더 장기적인 시계의 금융 불안을 측정하고, 충격이 발생할 때 금융기관의 복원력까지 측정한다는 특성을 갖는다. 세부 지표상으로도 자산 가격 상승률, 신용 증가율뿐만 아니라 금융기관의 재무 상태나 상호 간 연계성 등 시스템 전반의 취약성을 측정하는 지표들을 포함한다.

　따라서 금융취약지수의 상승은 한국은행이 지속적으로 언급해온

그림2 금융취약지수

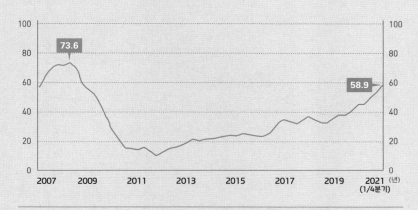

출처: 한국은행 2021년 6월 금융안정보고서

'금융 불균형'이 반영된 것으로 볼 수 있으며, [그림 3]에서 보듯 GDP 대비 민간부채 비율이 꾸준하게 증가하며 과도한 레버리지로 인한 위험이 적정 수준을 넘어서고 있다는 것을 확인할 수 있다. 이러한 부채의 증가는 주식, 부동산, 가상화폐 등의 폭등으로 이어졌으며, 대내외 충격이 발생할 경우 부채를 기반으로 상승한 각종 자산 시장은 충격에 매우 취약할 수밖에 없을 것이다.

이러한 문제 인식하에서 한국은행은 지속적으로 금리인상의 필요성을 역설해왔으며, 결국 2020년 8월, 1년 3개월 만에 금리인상을 발표하면서 과도한 레버리지와 금융 시스템 취약성에 대한 대응이 필요하다는 것을 분명히 하였다. 통화정책의 가장 중요한 목표인 물가안정 이외에 금융안정이라는 목표에 대해 어느 정도로, 어떤 수단을 이

그림 3 우리나라, 선진국, 신흥국 및 주요국 GDP 대비 민간부채 비율 추이

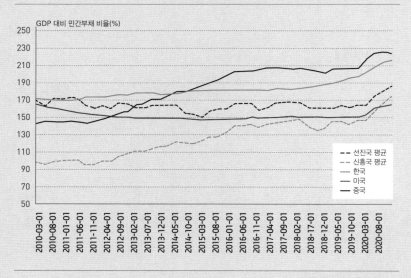

출처: 국제결제은행 (BIS)

용해 대응하는 것이 옳은지에 대해서는 서로 다른 의견이 있으나 금
융 불안정은 향후 실물 경기 침체와도 연관될 수 있다는 점에서 한국
은행의 정책적 대응을 유심히 지켜볼 필요가 있을 것이다.

국가부채

국가부채의 많고 적음과 관련하여 갑론을박이 있으나 이와 관련해
몇 가지 명확히 해두어야 할 개념 몇 가지를 정리한다.

D1(국가채무)과 D2(일반정부부채)

D1은 중앙정부 채무와 지방정부 채무를 더한 값으로 계산된다. D2는 여기에 비영리 공공기관 부채를 추가로 더한 값이다. 국가 간 건전성을 비교하기 위해서는 D2를 기준으로 다른 나라의 부채 수준과 비교를 해야 한다.

OECD 국가채무비율과의 비교

OECD 국가부채 평균을 구할 때 가중 평균을 사용하면 일본, 미국 등 경제 규모가 큰 나라가 훨씬 큰 영향을 미치게 되어 국가채무비율 역시 이들 나라의 값에 따라 높은 값으로 나타나게 된다. 반면 중간값을 사용하면 OECD 국가들의 대푯값으로서 훨씬 낮은 값이 계산된다.

기축통화와 비기축통화

OECD에 속한 37개국 중 달러, 유로, 엔 등 기축통화를 사용하는 국가는 23개국에 달한다. 기축통화국은 높은 부채 비율을 유지할 수 있는 여력이 더 크기 때문에 비기축통화국인 우리나라의 경우 기축통화국과 수평적인 비교를 하는 것은 어렵다.

부채 증가 속도

현재의 부채 비율 못지않게 중요한 것이 부채 증가 속도이다. 대부분의 나라가 향후 몇 년간 부채를 줄인다고 한다면 부채가 급격하게 증가하는 나라는 점차 상대적인 부채 비율의 수준이 높아질 수밖에 없다.

D1을 다시 나누는 기준으로, 전자는 채무 상환 시 세금을 재원으로 하여 갚는 채무이며, 후자는 대응 자산이 있어 별도의 재원 없이 갚을 수 있는 채무이다. 전자가 얼마나 많은가에 따라서 채무의 질을 평가할 수 있다.

사모펀드

헤지펀드Hedge fund의 유래는 작가이자 사회학자 알프레드 윈슬로우 존스Alfred W. Jones가 1949년에 최초로 헤지펀드를 수립한 것으로 알려졌다. 위험을 줄이기 위해 장기 보유 포지션과 숏 포지션을 함께 가져간 것이 이후 흔하게 쓰이는 long·short 전략이 되었으며, 수익 극대화를 위해 레버리지를 사용하기도 하였다. 이후 그는 펀드매니저의 성과에 대한 보상 시스템까지 수립하는 등 현재 헤지펀드가 운영되는 방식의 기초를 다지게 되었다.

국내 사모펀드 관련 법규를 보면 2015년에 자본시장법이 개정되면서 전문투자형 사모펀드(헤지펀드)의 최소 투자금액이 5억 원에서 1억 원으로 낮추어졌으며, 사모 운용사 진입도 인가제에서 등록제로 변했다. 사모펀드 사태가 발생한 이후인 2020년에 다시 최소 투자금액이 3억 원 이상으로 늘어났고, 펀드의 기초·운용자산과 손익구조의 유사성에 따라 펀드의 동일성 여부를 판단함으로써 사실상 50인 이상이 투자하는 공모펀드를 여러 개의 사모펀드로 쪼개서 판매하는 것이 금지되었다. 이와 함께 완화된 전문사모 운용사 최소 자본금 요건(60억 원→10억 원) 역시 다시 강화되어야 한다는 주장도 있다.

대표적인 사모펀드 관련 사건으로는 라임과 옵티머스 사건을 들 수 있다. 라임의 경우 4개의 모펀드에 대해 173개의 자펀드를 만들어 다시 모펀드에 투자하는 방식으로 사모펀드 규제를 피하고, 수익률 돌려막기식의 운영을 한 것으로 알려졌다. 특히 폐쇄형인 모펀드는 유동성이 낮은 자산에 투자하는 반면 자펀드는 개방형으로 환매가 자유로운 구조로써, 구조적으로 폰지사기를 유발하는 형태로 구성되어 있었다. 결국 레버리지로 활용한 증권사 TRS(선순위채)가 금감원 조사 이후 급격히 회수되며 일반 투자자들의 펀드 런으로 이어지고, 사태가 더욱 악화되었다. 2019년 12월 기준으로 총 펀드 설정액 4조 3,516억 원(290개) 중 1조 6,679억 원(173개)이 환매 중지되었으며, 이 중 개인투자자의 숫자는 4,035명(계좌), 개인투자자 피해액은 9,943억 원으로 추정된다. 전체 사모펀드의 7%가 은행에서 판매되나 라임은 35%가 은행을 통해 판매되었다는 점에서 일반 개인투자자의 접근성이 높았고, 그만큼 더 많은 피해로 이어진 것으로 보인다.

옵티머스 펀드의 경우 판매사와 예탁결제원에는 안정적인 공공기관 매출채권에 투자한다고 한 뒤 대부업 등 사채 투자 후 서류를 위조한 것으로 알려졌다. 사실상 페이퍼컴퍼니인 이 회사들은 다시 부동산 PF, 비상장 주식, 코스닥 상장사 인수합병 및 펀드 돌려막기 등에 자금을 활용했으며, 김재현 옵티머스 대표 본인 계좌에도 수백억 원이 횡령되었다. 투자자 3,300여 명과 피해액 약 5,500억 원이 발생한 것으로 추정된다.

이와 관련하여 감독기관의 책임 문제가 제기된다. 금융감독원은 2019년 11월부터 사모펀드 실태 점검을 했음에도 이들 펀드의 문제를 발견하지 못했다. 사모펀드가 투자하기로 약속한 자산이 아닌 다른 곳에 펀드 자금을 유용하더라도 기존의 시스템이 이를 적발하지 못한다는 것이다. 이에 따라 수탁회사와 사무 수탁사 간 자산명세를 교차 검증할 필요성을 생각해볼 수 있다.

이때 검증의 주체는 수탁회사(은행 등)인지 혹은 사무 수탁사(예탁결제원)인지, 판매 시 약정한 대로 투자했는지, 예탁원에 보고한 것과 실제 투자 내역이 같은지 등을 어느 법을 통해 누가 검증해야 하는지가 이슈가 된다. 금융투자협회 〈금융투자회사의 영업 및 업무에 관한 규정〉 제4-96조(계산업무) 제4항에 따르면 일반사무관리회사는 매월 신탁회사와 증권 보유 내역을 비교하여 이상 유무를 점검하고 증빙자료를 보관해야 한다고 규정하고 있는데, 이는 자본시장법상 '회사형 집합투자기구'에만 적용되게 된다. 또 예탁원의 '비시장성자산 표준코드 관리시스템'이 추진 중이며, 펀드자산 잔고를 상호 검증할 수 있으나 법적 강제성은 없다. 미시적인 규제가 어렵다면 거시적 규제(메자닌 등 특정 자산 쏠림 현상, 특정 운용사 AUM 급등 등 규제)를 고려하는 것도 방법이

그림4 **사모펀드 관련 규제 체계 개편안**

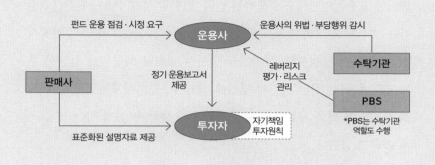

출처: 금융위원회

될 수 있을 것이다.

개선 방안으로 먼저 펀드 운용인력 자격과 관련하여 2015년 금융투자업 규정이 완화되면서 기존의 '투자자산운용사 자격, 헤지펀드 교육 이수, 2년 증권 운용 경력'에서 '금융회사 등에서 3년 이상 근무, 헤지펀드 교육 이수'로 기준이 변경된 바 있다. 일정 규모 이상의 종합자산운용사 경력 등 더 강력한 기준을 요구할 필요가 있다. 한편 준법감시인 제도는 현재도 의무사항으로 되어 있으나, 라임 및 옵티머스 등의 사태를 방지하지 못했다. 이와 관련해서는 외부 수탁회사나 전문 로펌의 감사 등 더 강화된 감시체계가 필요하다.

결국 사모펀드 문제는 금융소비자 보호 측면과 자본시장 자금 조달의 유연성이라는 두 측면을 함께 고려해야 한다는 점도 문제를 더욱 어렵게 한다. 선량한 투자자들을 범죄행위로부터 보호하면서도 최대한 자유로운 투자를 통해 사모펀드의 순기능을 발휘하도록 하기 위해서는 효율적이면서도 전문적인 관리 및 감독 체계가 요구된다. [그림 4]는 2021년 사모펀드 제도 개선을 위한 자본시장법 개정안의 전체적인 체계를 담은 것으로, 투자자는 충분한 정보를 제공받아 건전한 투자 결정을 하는 한편 자신의 결정에 책임을 지고, 사모펀드는 감독 체계를 지키며 더욱 자유로운 투자 전략을 구사할 수 있게 하는 것을 목표로 하고 있다.

공매도

공매도는 최근 자본시장에서 가장 뜨거운 감자 중 하나로 분류되는 이슈다. 우리나라뿐만 아니라 미국에서도 Gamestop 사태 등 개인 투자자들의 공매도에 대한 원성이 높다. 공매도에 대한 찬성과 반대, 순기능과 역기능, 제도 개선 등을 논하기에 앞서 공매도의 정확한 정의와 현 제도에 대해 살펴볼 필요가 있다.

공매도는 기본적으로 소유하지 않은 증권을 빌려서 매도함으로써 가격 하락 시 이득을 볼 수 있는 투자 방법을 말한다. 즉, [그림 5]에서와 같이 매도할 주식을 대여해줄 사람이 있다면 얼마든지 빌린 주식을 매도할 수 있고, 나중에 시장에서 주식을 매수하여 갚으면 되는 것이다. 이때 주식을 빌린 사람은 빌린 주식을 상환함과 동시에 대여 기간에 따라 소정의 이자를 지불하면 된다.

그림 5 공매도의 기본 구조

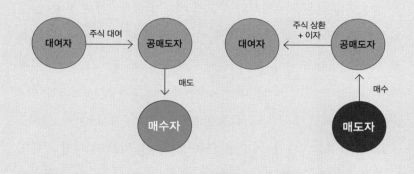

구체적으로 살펴보면 '소유하지 않은' 범위에서 매수계약이 체결된 증권을 결제일 전에 매도하는 경우나 권리 행사, 증자, 배당 등으로 취득한 주식이 결제일까지 상장되는 경우는 제외된다. 즉 이런 경우는 일반적인 매도로 구분된다. 빌리는 방법은 대차와 대주 제도로 나누어 생각할 수 있는데, 일반적으로 증권사 등 기관은 대차시장, 개인투자자는 대주시장에서 공매도를 위한 주식을 차입하게 된다. 공매도는 주식의 차입이 이루어지는 시점에 따라서 차입 공매도와 무차입 공매도로 나눌 수도 있는데, 현재 우리나라에서 허용된 것은 반드시 사전에 차입을 한 후 매도하는 차입 공매도뿐이다.

우리나라는 2020년 3월에 6개월 동안의 한시적 공매도 금지 조치를 취하였으나 금지가 끝나기 한 달 전인 8월에 다시 6개월 연장을 발표하였고, 이듬해인 2021년 2월에 다시 약 3개월간의 연장을 발표하여, 2021년 5월에 이르러서야 공매도를 재개하였다. 이 역시 전면적 재개가 아닌, 코스피 200과 코스닥 150에 해당하는 대형주에 한해서만 공매도를 허용하는 방식의 부분적 재개가 이루어졌다. 이는 금지 기간 동안 주식시장의 호황과 더불어 공매도에 대한 비판 여론 및 제도 개선에 대한 요구가 거세어졌기 때문으로 보인다. 기존 규제체계에서 업틱룰(공매도 시 직전 체결가보다 낮은 가격으로 호가할 수 없는 규칙)이나 순보유잔고 보고 및 공시(공매도를 한 경우 발행주식 수의 일정 비율을 초과하는 순보유잔고를 보고, 공시해야 함)를 하는 규정이 있었고, 무차입 공매도 등 허용되지 않은 방법으로 거래하는 것을 금지하였으나, 실질적으로 불법적인 거래가 이루어지는지 잘 감시가 되지 않거나 간혹 적발되더라도 약한 수위의 처벌을 받는 것에 대한 불만이 컸기 때문이다.

사실 공매도에 대한 부정적 여론이 갑자기 생겨난 것은 아니다. 국내에서는 셀트리온이 오랜 기간 공매도 잔고 1순위의 자리를 지키며 많은 개인투자자들이 원망의 목소리를 내어왔으며, 주식 대여 해지 운동이나 일부 증권사에 대한 계좌 이관 운동 같은 집단행동으로 이어지기도 했다. 본질적으로 short position 자체가 일반적인 투자자들의 이해관계와는 반대의 보상을 가진다는 구조적인 문제가 있기도 하지만, 불법적인 거래 혹은 제도를 악용한 불공정거래 등을 방지하고 처벌을 확실히 하는 수단을 마련할 필요가 있다.

인구문제의
해결 공간

이철희 서울대 경제학부 교수

한국의
인구구조 변화

코로나19로 인한 경제 충격이 인구 위기로 이어질 가능성

저출산·고령화 문제 심화를 인구 위기로 정의한다면 코로나19
는 이러한 인구 위기를 심화시킬 가능성이 있다. 저출산·고령화 현
상을 완화할 수 있는 변화들은 다음과 같다. 먼저 출산율이 증가하지
는 못하더라도 크게 감소하지 않는 것이다. 다음으로 인적자본이 개
선되어 전체 인구는 감소하더라도 생산성을 높이는 것이다. 세 번째
는 고용이 증가하여 더 많은 사람들이 경제활동에 참여하는 것이고,
네 번째는 외국인력을 도입하여 부족한 노동력을 채워주는 것이다.

코로나19는 이 네 가지 측면 모두에 부정적인 영향을 줄 가능성
이 있다. 코로나19 이후 실제 결혼 건수는 줄어든 것으로 보고된다.

한국의 경우 신혼부부가 출산율이 가장 높은 집단이므로 결혼 건수가 줄어들면 향후 출생아 수 감소 추세가 더 가팔라질 수 있다. 다음으로 초중등 교육에 있어서 코로나19로 인한 공교육 축소로 인해 학업성취도가 저하되고 있다는 것은 널리 알려진 사실이다. 대학교육도 영향을 받아 인적자본 축적에 부정적인 영향을 끼칠 것으로 보인다. 고용시장도 마찬가지다. 코로나19로 인해 상당 부분 청년 고용이 위축되어 있다. 특히 신규 취업층이 노동시장 진입 당시의 환경적 요인으로 인해 초기에 제대로 된 경력을 쌓을 기회를 잃게 되면 이들의 전반적인 커리어가 영향을 받을 가능성이 높다. 마지막으로 코로나19로 인한 국제적 인구 이동의 감소로 외국인력 도입에 문제가 발생하고 있다. 이를 종합해보면 코로나19는 결과적으로 인구 위기를 악화시키는 요인으로 작용할 수 있다.

한국 인구구조 변화의 특징

한국의 총인구가 머지않아 감소할 것으로 예상되며 이미 저출산·고령화 문제가 심각하다는 점은 널리 알려진 사실이다. 잘 알려지지 않은 사실 중 하나는 인구구조 변화의 불확실성이다. 인구구조 변화의 기본적인 방향성은 청년층의 인구가 줄고 고령인구가 늘어

인구문제의 해결 공간 | 이철희

나는 것이 맞다. 그러나 고령화 속도나 출생아 수 감소 정도에 따라 미래의 인구 변화 추이가 달라지는데 각 시나리오 간 차이는 시간이 지나면서 상당히 커진다. 예컨대 가장 낙관적인 시나리오와 부정적인 시나리오에 기초한 전망치는 약 45년이 지나면 한 천만 명 정도 차이 난다.

두 번째로 인구의 질이 변하고 있다는 점 또한 잘 알려지지 않은 사실이다. 일반적으로 고령화를 생각할 때 현재의 고령인구를 기준으로 이들과 유사한 인구가 증가할 것으로 생각한다. 그러나 한국의 경우 지난 50년 동안 급격한 변화를 겪었기에 각 세대별 살아온 여건이나 교육 수준, 인적자본 수준의 차이가 크다. 그래서 현재의 고령인구에 비해 현재의 30~40대인 미래 고령인구는 고학력 비중이 늘고 더 건강할 가능성이 높다. 최근 추세를 따른다면 외국인이 전체 비중에서 차지하는 비중도 증가할 것으로 보여 전체적인 인구구성과 질이 크게 바뀔 것이다. 이러한 차이를 고려하지 않고 현재의 연령별 의료비나 생산성을 미래에 투영하여 의료비나 노동생산성을 계측하는 것은 한국의 실상과는 안 맞는 측면이 있다.

세 번째로, 고령화로 인해 노동인구가 감소하여 사회적 비용이 발생할 것이라는 예상이 있지만, 실제로는 노동인구가 크게 줄지 않을 수 있다. 일반적으로 고령화로 인한 인구 감소를 이야기할 때 주로 생산연령인구를 지표로 이용한다. 통계청 중위 추계에 따르면

15~64세 생산연령인구가 2065년에 이르러 지금의 절반 이하로 떨어져 49%까지 감소한다.

그러나 노동인구 규모의 지표로는 경제활동인구를 이용하는 것이 더 타당하다. 15세 이상이라고 해도 교육 등의 이유로 일을 안 하는 사람이 많고, 65세가 넘어도 일을 하고 있는 경우가 많기 때문이다. 미래 경제활동참가율을 예측하는 것은 쉽지 않지만, 최근 연구에 따르면 성별, 연령별, 학력별로 경제활동참가율이 동일하다고 가정했을 때 적어도 향후 15~20년 동안은 경제활동인구가 크게 줄지는 않을 것으로 전망된다.

여기에 앞으로 오히려 경제활동참가율 자체가 증가할 가능성이 있다. 여성과 장년층의 경제활동참가율은 지속적으로 증가하고 있고, 인구 구성의 질적 변화를 고려하여 생산성을 반영한 경제활동인구를 생각하면 적어도 향후 20년 동안은 경제활동인구가 크게 줄지는 않을 것으로 보인다.

네 번째로, 고령화로 인한 노동생산성이 감소할 것이라는 우려가 있지만, 이와는 달리 적어도 향후 20년 동안은 인구 변화로 인한 큰 폭의 노동생산성 하락은 나타나지 않을 가능성이 높다. 한국의 경우 고령화와 더불어 빠르게 진행되고 있는 것이 노동 인력의 고학력화다. 여기에 장래의 고령층이 이전의 고령층에 비해 더 건강할 가능성이 높아서 고령화로 인해 생산성이 감소하는 것을 상쇄할 수

인구문제의 해결 공간 | 이철희

있다. 실제로 필자의 연구에 따르면 성별, 연령별, 학력별 시간당 임금을 생산성의 지표로 이용하여 생산성을 조정한 노동인구를 추산한 결과, 단순노동인구 추정치보다 훨씬 덜 감소하는 것으로 전망되었다. 이는 고학력화의 효과가 고령화의 효과를 압도한 것으로 해석할 수 있다.

결국 적어도 앞으로 20년 동안 한국의 인구구조 변화로 나타날 수 있는 문제는 전반적인 노동인구의 감소보다는 노동 수급 불균형의 문제다. 필자의 연구에 따르면 산업별, 노동 유형별, 학력이나 연령별로 현재의 수급 불균형 정도가 다 다르고, 향후 수급 불균형 전망에도 차이가 클 것으로 보인다. 현재와 같이 각 노동 유형별 대체성이 높지 않은 상황에서 이러한 노동 수급 불균형은 쉽게 해결하기 어렵기 때문이다. 결국 향후 20년 동안의 노동시장 정책은 총량 부족에 대한 대응보다는 부문 간, 유형 간 불균형을 완화하는 데 초점을 두어야 한다.

인구구조의 불균형과 관련하여 수도권 밀집 현상과 지방 소멸 등 지역 간 불균형 문제는 매우 심각하다. 노동인구를 비롯한 전체 인구의 감소는 천천히 진행될 것으로 보이지만, 부문별 불균형과 지역별 불균형은 빠른 속도로 심화되고 있기 때문이다.

인구의 지역별 불균형은 재정지출에 상당한 비효율을 가져오는 등 경제적 비용을 유발한다. 필자의 연구를 포함하여 전반적인 연구

에 따르면 고령화가 진행되고 인구가 감소하면 지방의 재정 자립도
는 떨어진다. 지방의 재정 자립도가 떨어지면 중앙정부의 지원을 늘
릴 수밖에 없고 결국 재정지출이 증가할 수밖에 없다. 이러한 경제
적 부담을 고려하면 지역 간 불균형 문제는 최대한 적극적으로 대응
해야 할 필요가 있다.

이에 대해 최근 논의되는 접근 방법은 먼저 거점 도시 중심으로
재편하는 도시 압축의 방식과 인구가 감소하는 각각의 지역을 살리
는 방식으로 크게 두 가지다. 두 방식은 서로 상충되는 방식으로 이
에 대한 부처 간 의견도 다르다. 결국 정책적인 조율 및 행정구역과
재정 개혁이 필요하다. 작은 지자체가 살아남기 어려운 상황에서 현
재의 행정구역을 그대로 유지하는 것은 비효율적이다. 선택과 집중
을 통해 지역 간 불균형에 효과적으로 대응할 수 있도록 행정구역
개편 등의 접근이 필요하다.

저출산·고령화 문제와 청년 노동인구

한국 인구구조의 중요한 특징 중 하나는 젊은 노동인구 비율의
감소가 두드러진다는 점이다. 인구 고령화 현상과 관련하여 주로
강조되었던 점은 고령층 인구의 증가다. 그러나 한국의 경우 이미

인구문제의 해결 공간 | 이철희

20~30년 전부터 청년층 인구 감소가 시작되어 노년층 인구 증가보다 청년층 인구 감소가 더 빠르게 일어나고 있다. 통계청 자료에 따르면 현재 35세 미만 경제활동인구가 전체 경제활동인구에서 차지하는 비중은 약 4분의 1 정도이다. 이 수치는 매우 부정적인 시나리오가 실현될 경우 30년 이내에 15% 아래로 떨어진다.

청년 노동인구 비율의 감소는 결국 노동시장에서 가장 잘 기능할 수 있는 집단의 감소를 의미한다. 청년 노동인구는 고령층에 비해 상대적으로 인적자본 수준이 높을 뿐 아니라 가장 최근의 노동시장 변화 상황을 참고하여 본인의 직업을 선택했다는 점에서 현재의 노동시장 수요 조건에 가장 부합하는 집단이다. 그렇기에 청년 노동인구는 전반적으로 인적자원을 필요로 하는 부문에 재배분하는 노동시장의 기능을 강화하는 역할을 한다. 이러한 기능을 이전에는 100만 명이 담당했다면 지금은 30~40만 명이 하게 되므로, 결국 노동시장의 기능이 저하되고 이로 인해 사회적 비용이 발생하게 된다.

이러한 인구구조 변화에 대응하기 위해서는 줄어든 청년 노동인구가 과거 수준의 역할을 담당할 수 있도록 노동시장이 더 유연해지고 노동 이동성이 높아져야 한다. 먼저 대학 교육이 노동시장 밖에서 대학 교육 시스템의 변화를 통해 노동시장의 기능을 지원하는 방향으로 변화해야 한다. 기존의 경직적 교육 시스템에서 벗어나 시장 수요에 더 민감하게 반응하여 인력을 양성할 수 있도록 학제 간 융합이나 새로운 학문 분야 개설 등 대학 교육 시스템의 유연화가 필요하다. 노동시장 안에서도 자체적으로 노동 이동성을 강화할 필요가 있다. 기존 인력을 재교육하여 배치하는 등 줄어들 신규 취업 인력에 대응할 방안을 마련해야 한다.

저출산·경력 단절
여성 지원과 외국인력 도입

저출산·경력 단절 여성 지원

청년 노동인구 감소에 대응할 수 있는 방안으로 경력 단절 여성 인구의 경제활동 참여 지원을 생각해볼 수 있다. 청년 노동인구 감소에 대응하여 정년 연장 등을 통해 고령인구를 활용하는 방안은 이들과 청년 인구와의 대체성이 낮기에 적합하지 않다. 교육 수준 등 인적자본의 특성을 고려하면, 청년 노동인구 집단과 가장 대체성이 높은 집단은 현재 경력 단절 현상이 심각한 30~40대 여성 집단이다. 경력 단절이 감소하여 여성의 경제활동 참여가 증가하면 전반적인 노동 인력 총량 감소를 완화할 뿐 아니라 줄어드는 청년 노동인구를 대체하는 데 도움이 될 것이다.

여성의 경력 단절을 막고 경제활동 참여를 촉진하기 위해서는 사회 전반적인 개혁이 필요하다. 현실적인 방안 중 하나는 보육 지원, 그중에서도 보육 시설의 양적 및 질적 공급 개선이다. 여러 연구에서 보육비 지원 정책의 여성 경제활동 참여율에 대한 효과를 분석했는데 결과적으로 보육비 지원만으로는 여성의 경제활동을 촉진하는 효과가 없었다. 보육비 지원과 함께 보육 시설의 공급률과 질적 수준 개선이 병행되어야 여성의 노동 공급이 증가하는 결과를 보인다.

이 문제에 대한 근본적인 방안은 노동시장 조건의 개선이다. 현재 노동시장에 진출하고 있는 여성들은 과거와는 달리 본인의 커리어에 대한 강한 의지와 애착을 가지고 있다. 그래서 앞으로 여성의 경력 단절 현상은 감소할 가능성이 높다. 반면 현재의 노동시장 여건하에서는 결혼과 출산이 더 가파르게 감소할 수 있다. 결혼 및 출산과 본인의 경력이 서로 충돌하는 경우 후자를 선택하는 경우가 많기 때문이다. 결국 저출산과 여성의 경력 단절을 막기 위해서는 기혼 여성이 불리함 없이 경쟁할 수 있는 노동시장 여건이 조성되어야 한다.

저출산 문제의 단기 및 중장기적 대책

저출산 현상은 한국 정부뿐 아니라 선진국에서도 막대한 예산이 투입되는 등 중요하게 다루어지고 있는 이슈다. 그러나 먼저 생각해 볼 점은 저출산이 반드시 해결해야 하는, 또는 해결 가능한 문제인가 하는 점이다. 저출산 현상을 인구 감소로 인한 사회문제 발생의 측면에서 보면 부정적이지만, 가정 안에서 다자녀를 출산하는 것만으로 충족되던 필요를 국민연금 등 다른 사회적 제도로 대체하는 과정에서 발생하는 현상으로 본다면 반드시 부정적인 문제만으로 볼 수는 없다. 개인주의 심화 등 전반적인 가치관의 장기적 변화 추세를 반영한 것으로 바꾸기 어려운 흐름이라는 점도 존재한다.

그럼에도 불구하고, 저출산에 대응하는 단기 및 중기적 대책은 여전히 중요하다. 출산율 저하의 속도가 중요하기 때문이다. 한국은 서구사회처럼 점진적 감소가 아닌 급격한 인구 감소를 겪고 있다. 이러한 경우 심각한 세대 간 불균형 문제가 발생하여 사회경제적 비용이 커진다. 물론 향후 한국 인구구조 변화의 시나리오에 따라 지불해야 하는 사회적 비용은 달라질 것이다. 그러나 이러한 변화의 속도를 최대한 낮춰서 사회 전반적 비용을 줄이는 것은 정부의 책무다.

단기적 저출산 대책으로는 경제적 여건으로 인해 결혼과 출산에 제약을 받는 사람들에게 제공하는 현금 지원이 대표적이다. 이 방안은 전체 집단보다는 선택의 경계에 있는 집단, 즉 현금 지원이 없어도 이미 결혼과 출산에 대해 어느 정도 긍정적으로 생각하고 있고 여력이 있는 중산층에 그 효과가 크다. 그 이외의 집단에서는 현금 지원이 이루어지더라도 출산 결정에 미치는 효과가 크지 않다. 즉 전체 집단에서의 효과는 크지 않더라도, 단기적으로는 경계에 있는 집단을 대상으로 결혼과 출산을 장려할 수 있는 정책을 시행해야 한다.

장기적으로는 전반적인 사회 여건을 개선하여 최대한 많은 사람들이 이러한 '경계'까지 도달할 수 있도록 해야 한다. 더 많은 사람들이 결혼과 출산의 경계까지 가도록 하려면 과도한 경쟁이나 장시간 근로 등 노동시장의 구조 개선 및 삶의 질 개선, 일자리 안정 등 미래에 대한 전망을 개선하여 사람들의 선택이 달라질 수 있도록 하는 근본적인 사회 변화가 필요하다.

노동력 보충을 위한 외국인력 도입

향후 최소 20년 동안은 총량적인 노동력 부족 문제보다는 특정 업종이나 인력 유형에 대한 노동 수급 불균형 문제가 더 심각할 것으로 본다. 이는 청년 인구의 감소 등을 고려했을 때 국내의 노동인구를 재배치하는 방식으로 해결하기란 어렵다.

그런 점에서 노동인구 수급 불균형 문제 해결 방안으로 외국인력 도입 문제는 중요하다. 다만 고용 허가제 등 현재의 저숙련, 비전문인력 중심의 외국인력 도입 방식은 한계가 있다. 향후 발생할 업종별, 인력 유형별 다양한 노동 수요에 대응하려면 보다 다양한 유형의 외국 노동 인력 도입이 필요하다. 이를 위해 필요한 것은 외국인 근로자를 대상으로 인적자본과 인력 유형 등을 파악하여 수요에 맞게 도입하는 시스템 구축이다.

문제는 외국인 선별 및 채용에 필요한 해외 구인 네트워크 기반에 있어서 기업 간 차이가 크다는 점이다. 글로벌 대기업의 경우 해외 지사를 활용하여 필요한 외국인력을 채용하는 것이 가능하지만, 이러한 네트워크를 갖지 못한 중소기업은 숙련 수준이 높은 외국인력을 찾아서 채용하는 것이 어렵다. 따라서 정부가 노동 수급 불균형 문제가 심각할 것으로 보이는 중소기업을 대상으로 수요에 맞는 외국인력 선별 및 도입 시스템을 지원하는 정책을 시행해야 한다.

고령화,
고령 빈곤과 정년 연장

고령화와 고령 빈곤

고령인구 증가로 인해 가장 우려되는 것은 고령 빈곤 문제다. 한국의 경우 다른 선진국과 비교하여 연금이나 노후 소득 보장 체계가 부실하다. 생계를 위해 일을 할 수밖에 없는 고령 취업자의 상당수는 고령층 일자리의 질이 낮아서 일을 하더라도 고령 빈곤을 벗어나기 어렵다. 또한 이들 집단은 건강 상태가 나쁘고 생산성이 낮은 경우가 많아 좋은 일자리를 제공받기도 어렵다.

이를 정책적인 개입을 통해 개선하는 것은 쉽지 않다. 결국 단기적으로는 복지정책을 통해 대응할 수밖에 없다. 의료, 주거 등 기본적인 사회서비스 제공을 통해 최소한의 생활 수준을 보장하고, 기초

인구문제의 해결 공간 | 이철희

연금 등을 통해 빈곤에서 벗어날 수 있게 지원하는 방법 외에 획기적 개선 방법은 없어 보인다.

개인적으로는 고령 빈곤 문제에 대한 장기적인 접근이 중요하다고 본다. 현재의 고령인구와 달리 변화 가능한 현재의 40대가 고령층이 되는 20년 후를 대비하는 것이다. 이들이 장차 더 생산적이고 건강한 상태로 고령기를 맞이할 수 있도록 이들의 건강증진과 인적자본 축적에 투자하고, 이른 교육·훈련 및 전직 지원 등을 통해 더 오래 일할 수 있도록 유도해야 한다. 이렇게 변화 가능한 세대에 대한 정부의 개입을 통해 장기적으로 미래의 고령 빈곤 문제를 줄여나가는 것이 보다 근본적인 해결책이라고 본다.

고령화와 한국의 정년 연장 논의

인구 고령화에 대한 대응과 무관하게 일할 수 있는 능력이 있고 일할 의사가 있는 경우 나이가 들어도 일할 수 있는 사회로 전환하는 것은 바람직하다고 본다. 문제는 현재 우리가 당면한 인구문제 대응과 관련해 정년 연장이 과연 필요한 정책인가 하는 점이다. 우선 정년 연장의 필요성에 있어 주로 강조되는 것은 노동인구 부족이 예상된다는 것인데, 앞서 언급했듯 향후 적어도 15~20년 정도는 총량적인 노동 부족 문제의 발생 가능성은 낮아 보인다. 따라서 당장 고용 확대를 목표로 무리하게 정년 연장을 추진할 필요는 없다. 추진하더라도 부작용이나 비용을 최대한 줄일 수 있도록 신중하고 합리적으로 추진해야 한다.

정년 연장으로 인해 발생할 수 있는 잠재적인 부작용 중의 하나는 세대 간 고용 대체 문제다. 청년과 고령자는 인적자본이나 일자리의 성격이 다르기 때문에 고령 취업자 증가로 인한 직접적인 효과보다는 간접적으로 세대 간 고용 대체를 가져올 수 있다. 그 연결고리 중 하나는 바로 인건비 부담 증가다. 현재와 같은 임금구조하에서 정년이 연장되어 고령자 고용이 증가하게 되면 기업의 인건비 부담이 커지게 된다. 책정된 인건비에서 고령인구 고용이 늘게 되면 상대적으로 신규 채용이 줄어들 수밖에 없다. 지난 60세 정년 연장에 관한 실증 연구들에 따르면, 2016~2017년 60세 정년 연장 이후 특히 대규모 사업체에서 고령층 고용은 증가하고 신규 채용은 감소한 것으로 나타났다. 필자가 고용보험 자료와 사업자 패널 자료를 연결하여 진행한 연구의 결과도 정년 연장으로 인해 고령층의 고용은 증가한 반면 청장년층의 고용과 신규 채용이 감소했음을 보여준다. 정년 연장은 특히 대규모 사업체에서 청년 고용에 부정적인 영향을 미친 것으로 드러난다.

정년 연장과 고령 빈곤 문제

정년 연장은 고령 빈곤 문제를 완화하는 데도 한계가 있다. 한국의 50세 이상 취업자 가운데 자영업자 비중은 40%가 넘는다. 나머지 60%의 임금근로자 중 대다수도 정년 연장의 실질적 효력이 없는 중소기업에 고용돼 있다. 결국 정년 연장이 유효한 공공부문이나 300인 이상 사업장에 고용된 고령인구 비중은 전체 55세 이상 취업자의 5분의 1을 넘기 어렵고, 이들은 상대적으로 고령 빈곤 위험이 적은 계층이다. 결국 정년 연장은 고령 빈곤의 해결책으로 보기 어렵다.

정년 연장의 형태도 문제다. 한 사업체에서 정년까지 지속적으로 일하는 계속 고용의 경우 점점 직무 적합도가 떨어지는 문제가 발생할 수 있다. 게다가 고령인구를 활용할 만한 직무가 없는 사업장도 있을 수 있다. 또한 계속 고용의 형태로 정년 연장이 이루어지는 경우 상대적으로 경제적 여건이 좋은 사람들에게만 혜택이 주어진다. 취약한 처지에 있는 다수의 중고령자들은 이미 재취업 시장에 진입해 있는 사람들이므로 이들에 대한 교육·훈련, 취업 지원 등의 추가적인 대책이 필요하다.

정년 연장이 시행되더라도 보다 유연한 형태로 이루어져야 한다. 같은 업종 혹은 전문성을 유지할 수 있는 인근 영역을 포함한, 좀 더 광범위한 범위에서 고용이 연장되는 형태가 바람직하다고 본다.

인구문제 해결의 열쇠

장래의 학력별 인구 변화 전망

이철희(2021a)는 인적자본을 고려한 인구구조의 변화를 살펴보기 위해 2019~2065년 기간의 성별, 연령별, 학력별 인구를 추정하였다. 출생 코호트별 학력 분포 가정 등 구체적인 추정 방법은 이철희(2021a)에 제시되어 있다.

[그림 1]은 통계청 장래인구 중위 추계가 실현되는 경우, 장래 대졸, 고졸, 고졸 미만 인구 변화 전망을 보여준다. 각 학력 인구의 상대적인 비중 변화 추이는 우리나라 인구의 고학력화가 빠르게 진행될 것임을 알려준다. 현재 대졸, 고졸, 고졸 미만 인구는 각각 전체 인구의 약 3분의 1을 차지하고 있다. 대졸 인구는 빠르게 증가하여 현재 약 33%에서 2065년에 이르러 거의 60% 수준으로 가파르게 증가할

그림1 장래 학력별 인구 추계

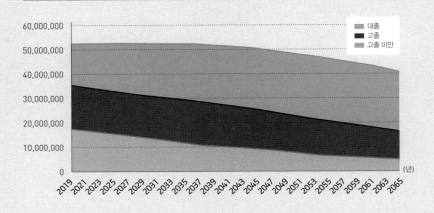

것으로 예상된다. 반면 현재 전체 인구의 약 34%에 달하는 고졸 미만 인구의 비중은 2065년까지 약 12% 수준으로, 33%인 고졸 인구 비중은 2065년까지 28.4%로 낮아질 것으로 예상된다.

각 학력 인구의 절대적인 규모를 살펴보면, 현재 1,697만 명인 대졸 인구는 빠르게 증가하여 2056년까지 2,460만 명으로 늘어나고, 2040년대 중반~2050년대 말부터 완만하게 감소하여 2065년에는 2,397만 명을 기록할 것으로 전망된다. 현재 1,714만 명인 고졸 인구는 2035년까지 1,710만 명대를 유지하다가 2030년대 중반부터 빠르게 감소하여 2065년까지 1,143만 명으로 줄어들 것이다. 현재 약 1,757만 명인 고졸 미만 인구는 빠르게 감소하여 2065년까지 현재 수준의 약 28%인 500만 명으로 줄어들 것으로 예상된다. 통계청 장래인구 저위 추계가 실현될 경우 2065년의 고졸 미만 인구는 약 362만 명으로 감소할 것이다.

장래의 노동인구 변화 전망

인구 변화로 인한 노동인구 감소 예측을 위해 실제 노동시장 참여 인구 규모나 노동인구의 생산성 지표 등 생산연령인구 지표 외에 다양한 지표를 살펴보겠다. 2065년까지의 성별, 연령별, 학력별 경제활동인구를 추정한 이철희(2021a)에 따르면 인구 변화에 의해 노동인구의 장기적 감소가 발생할 것으로 보이나, 그 속도는 생산연령인구에 비해 훨씬 완만할 것으로 보인다. 통계청의 장래인구 중위 추계가 실현될 경우 생산연령인구는 2065년까지 현재 수준의 49%로 감소하는 반면, 경제활동인구는 현재 수준의 61%까지 유지될 것으로 전망된다. 이러한 결과는 청년 경제활동참가율이 상대적으로 낮지만 장년 및 고령인구의 경제활동참가율이 상대적으로 높은 한국 노동시장의 특성을 반영한다.

노동인구의 구조도 크게 변화할 것으로 전망된다. [그림 2]는 2019년의 인구 특성별 경제활동참가율이 유지될 것으로 가정하여 통계청 장래인구 중위 추계에 따른 연령별 경제활동인구 변화를 추정한 결과다. 먼저 노동인구의 고령화가 가장 두드러진다. 75세 이상 인구가 경제활동인구에서 차지하는 비중은 현재 2%에서 2065년에 12% 이상

그림2 장래 연령별 경제활동인구 추계

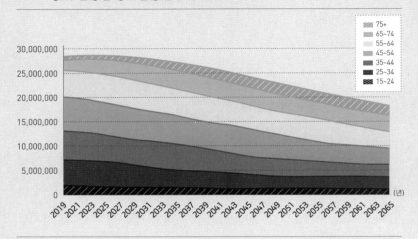

으로 증가할 것으로 전망된다. 55세 이상 경제활동인구의 비중은 현재 약 27%에 불과하지만 2056년에는 거의 절반에 달하게 될 것이다. 고령 노동인구의 상대적 증가는 향후 50년 동안 점진적으로 진행되는 반면 젊은 노동인구의 감소는 향후 20~30년 동안 급격하게 나타나 45세 미만 노동 인력이 전체 경제활동인구에 차지하는 비중이 현재 48%에서 2045년까지 33%로 빠르게 감소할 것으로 전망된다.

전체 인구의 고학력화로 노동인구의 고학력화도 빠르게 진행될 것이다. [그림 3]은 2019년의 인구 특성별 경제활동참가율이 유지될 것으로 가정하여 통계청 장래인구 중위 추계에 따른 교육 수준별 경제활동인구 변화를 추정한 결과다. 현재 경제활동인구의 46%를 차지하는 대졸 경제활동인구의 비중은 2065년까지 68%로 증가할 것으로 추

그림 3　장래 학력별 경제활동인구 추계

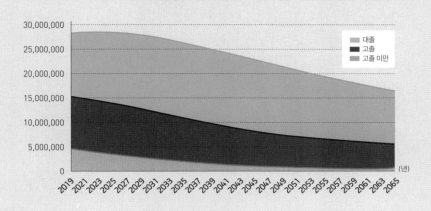

정된다. 반면 현재 38%인 고졸 경제활동인구와 16%인 고졸 미만 경제활동인구 비중은 2065년까지 각각 18%와 1% 미만으로 내려갈 것으로 전망된다.

인구 변화가 우리 노동시장과 경제에 미치는 영향을 정확하게 전망하기 위해서는 노동인구의 질적인 변화를 함께 살펴보아야 한다. 위의 결과에 따르면, 한편에서는 노동인구의 고령화가, 다른 한편에서는 노동인구의 고학력화가 진행될 것으로 전망된다. 다른 조건이 동일할 때 전자는 생산성을 낮추고, 후자는 생산성에 긍정적인 영향을 미친다. 그렇다면 어떤 요인의 영향이 더 강하게 나타날까? 이를 살펴보기 위해 필자는 성별, 연령별, 학력별 시간당 임금을 가중치로 하여 생산성을 조정한 노동인구를 추정하였다.

그림4 장래 생산연령인구, 경제활동인구, 생산성 조정 노동투입 추계 결과 비교

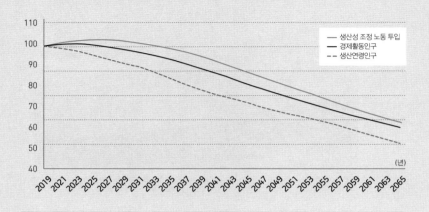

[그림 4]는 2019년 수준을 100으로 환산했을 때 생산연령인구, 경제활동인구, 생산성(시간당 임금)을 조정한 노동 투입 변화를 전망한 결과다. 생산성을 조정한 노동 투입은 경제활동인구에 비해 더 느리게 감소하여 2026년까지 현재 수준보다 약 4% 높아졌다가 이후 줄어들기 시작해, 2065년에는 현재 수준의 약 62%로 감소할 것으로 전망된다. 이는 2065년 경제활동인구 전망치(현재 수준의 약 61%)보다 약간 높다. 생산성을 조정한 노동 투입의 규모는 특히 가까운 장래에 상대적으로 높게 유지될 것으로 보인다. 2040년까지 경제활동인구는 현재 수준의 89%로 낮아지는 데 비해, 생산성을 조정한 노동투입은 약 95%로 유지될 것으로 전망된다. 이는 향후 진행될 노동인구 고학력화의 효과가 고령화의 효과를 압도할 것임을 의미한다. 즉 노동인구

의 인적자본 개선을 고려한다면 인력 고령화에도 불구하고 장기적으로 노동생산성이 감소하지 않을 가능성이 높다.

이상의 전망은 현재의 경제활동참가율과 노동생산성이 앞으로도 유지될 것이라는 가정에 기초한 것이다. 만약 정책적인 노력이나 다른 사회적·경제적 변화로 인해 경제활동참가율이나 생산성이 개선된다면 어떤 변화가 일어날까? 이를 살펴보기 위해 필자는 몇 가지 가상적인 시나리오를 도입한 시뮬레이션 분석을 해보았다(이철희 2021a). 분석 결과는 여성과 고령인구의 노동시장 참여율이 개선되는 경우 인구 변화로 인한 노동 인력 감소 문제 완화에 큰 도움이 될 것임을 보여주었다. 여성 혹은 장년 인구 중 한 집단의 경제활동참가율이 최근 일본 수준으로 높아지기만 해도 생산성을 반영한 노동 투입 규모가 2042년까지 현재의 95%로 유지되는 것으로 추정된다. 일본 수준의 경제활동참가율 증가 및 경력 단절의 완화로 인한 M자 형의 여성 연령-경제활동참가율 관계 약화, 장년 근로자들의 조기 퇴직 감소의 경우 2042년까지 생산성을 조정한 노동 투입 규모는 현재의 97~98%까지 유지될 것으로 추정된다.

노동생산성의 개선도 인구 변화로 인한 노동인구 감소를 상당 정도 상쇄할 수 있을 것으로 보인다. 결혼과 출산 등에 기인한 여성의 상대적인 저생산성이 완화되면 생산성을 조정한 노동 투입 규모가 큰 폭으로 증가하는 것으로 나타났다. 인적자본 수준의 효과를 통제한 상태에서 성별 임금 격차가 절반으로 줄어드는 경우, 생산성을 조정한 노동 투입 규모가 2042년까지 현재 수준의 97%까지 유지될 것으로 추정된다. 건강과 인적자본에 대한 투자를 통한 장년 인력의 생산성 개선도 인구 변화로 인한 장래 노동인구 감소 완화에 큰 도움이 될 것이다. 고령으로 인한 생산성 하락이 현재의 절반 수준으로 줄어든다면, 현재 수준 대비 생산성 조종 노동 투입 규모가 2042년까지 99%, 2065년까지는 70%로 유지될 것이다.

산업별 취업 인력 변화 전망

연령, 학력, 산업, 직종 등 서로 다른 인력 유형은 노동시장에서 서로 완전하게 대체되기 어렵다. 결국 노동 투입 총량에 문제가 없더라도 노동 인력의 연령·학력 구성의 변화는 부문 및 인력 유형 간 노동 수급 불균형을 야기할 수 있다. 필자는 2019~2039년간 인구 변화가 각 중분류 산업의 학력별, 연령별 노동 공급에 미치는 효과를 추정하고, 이를 동 기간 노동 수요 변화 전망과 결합하여 인구 변화가 산업별 노동수급에 미칠 영향을 분석하였다(이철희 2021b).

분석 결과 향후 20년 동안 산업에 따라서는 보건업, 음식점 및 주점업, 육상운송 및 파이프라인 운송업, 전자부품·컴퓨터·영상·음향 및 통신장비 제조업, 농림업, 기타 서비스업, 도매 및 상품중개업, 소매업(자동차 제외), 사업지원 서비스업, 전문직별 공사업 등의 산업에서 인구 변화로 인한 취업인력 부족 현상이 나타날 가능성이 높다.

학력에 따라서는 산업에 따른 취업인력 규모의 변화 형태가 고학력과 저학력 간 큰 차이를 보였다. 이는 산업별 전체 노동 공급 변화 추정 결과가 인적자본 수준에 따른 차별적인 노동 공급 변화 전망을 정확하게 보여주기 어렵다는 것을 시사한다. 연령별로는 특히 학력을 불문하고 20~34세 취업인력이 대부분의 산업에서 감소한다. 이는 이미 오래전부터 진행되고 있는 연간 출생아 수의 감소에 따라 젊은 인구가 빠른 속도로 줄어드는 데 기인한 것이다. 이 연령층 대다수를 차지하는 고학력의 경우 보건업, 소매업(자동차 제외), 도매 및 상품중개업, 음식점 및 주점업, 사회서비스업, 전문 서비스업, 사업 지원 서비스업, 전자부품·컴퓨터·영상·음향 및 통신장비 제조업, 금융업 등의 산업에서 젊은 취업인력이 상대적으로 많이 감소할 것으로 전망된다.

인구 변화로 인한 35세 이상 취업인력(특히 55세 이상 취업인력)의 감소는 주로 저학력 취업인구의 감소로 인해 초래될 것으로 전망된다. 35~54세와 55~74세 모두 소매업(자동차 제외), 음식점 및 주점업, 육상운송 및 파이프라인 운송업, 도매 및 상품중개업, 기타 서비스업, 농림업, 사업 지원 서비스업 등의 산업에서 저학력 취업인력이 크게 감소할 것으로 추정된다. 그 외에 35~54세 저학력 취업인력은 사회복지서비스업에서, 55~74세 저학력 취업인력은 부동산업에서 상대적으로 많이 감소할 것으로 보인다. 만약 이러한 산업에서 저학력 취업인력에 대한 수요가 노동 공급만큼 줄지 않고, 고학력 취업자가 저학력 취업자를 잘 대체하지 못한다면, 이들 산업에서 저숙련(저학력) 취업인력 부족 문제가 발생할 수 있다.

정년 연장

저출산·고령화로 인한 생산인구 감소에 대한 해법으로 제시되는 방안 중 하나는 점점 늘어나는 고령인구의 고용을 연장하는 것이다. 그러나 현재의 노동시장 여건에서는 고용 연장 추진을 통해 실제로 조기 퇴직의 가능성이 줄어드는 고령자의 비중이 높지 않을 것으로 보인다. [표 1]이 보여주는 것처럼 우리나라 55세 이상 취업자의 절반 이상은 자영업자 혹은 무급가족 종사자로 고용 연장과는 무관하다(이철희 2021c). 또한 [그림 5]가 보여주는 바와 같이 2016년에 정년 연장이 시행된 이후에도 정년으로 퇴직하는 임금근로자는 전체 50~69세 임금근로자의 3분의 1에 미치지 못한다. [그림 6]은 특히 고령자들이 많이 고용되어 있는 중소기업의 경우 여전히 정년으로 퇴직하는 50세 이상 근로자의 비율이 매우 낮다는 것을 보여준다. 30인 미만 사업체

표1 55세 이상 취업자 고용형태 분포(2006~2018년)

고용형태 및 사업체 규모	빈도수	퍼센트	누적 비율
자영업/무급종사자	8,830	59.58	59.58
10인 미만 사업체 임금근로	2,530	17.07	76.65
10인~99인 사업체 임금근로	2,930	19.77	96.42
100~499인 사업체 임금근로	383	2.58	99.01
500~999인 사업체 임금근로	72	0.49	99.49
1000인 이상 사업체 임금근로	75	0.51	100
합계	14,820	100	

*2006~2018년 한국고령화패널 자료에서 계산

그림 5   2016~2018년 50~69세 임금근로자 퇴직 사유: 성별

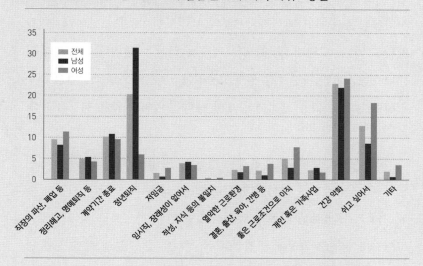

그림 6   2016~2018년 50~69세 임금근로자 퇴직 사유: 사업체 규모별

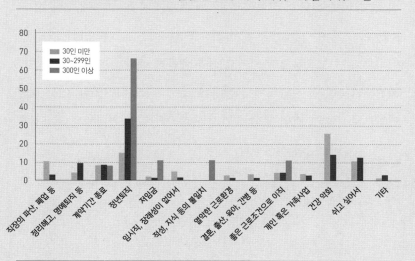

인구문제의 해결 공간 ㅣ 이철희

의 경우, 정년으로 일을 그만두는 비율은 15%에 불과하며, 30~299인 사업체의 경우에도 퇴직자의 3분의 1 정도만이 정년으로 일자리를 떠나고 있다. 그런데 [표 1]이 보여주듯 55세 이상 임금근로자의 절대다수는 100인 미만 사업체에 고용되어 있다. 이는 중소기업의 경우 정년이 없거나 고용 결정에 중요한 영향을 미치지 않는 현실을 반영한다.

2016~2017년의 정년 연장은 청년 및 중장년 고용에도 부정적인 영향을 미친 것으로 분석된다. Lee·Chung(2021)의 연구는 사업자 패널 자료와 고용보험 자료를 연결하여, 기업의 특성별로 정년 연장이 고령자와 청년층 고용에 미친 효과를 분석하였다. 분석 결과 정년 연장 적용 대상이 된 고령층의 은퇴 확률은 낮아졌고, 그 효과가 대기업에서 더 강하게 나타났다. 반면 정년 연장으로 인해 고령층 고용 부담이 더 많이 늘어날수록 청년층(20~29세)과 장년층(35~54세) 고용이 감소하고, 전체 연령층 신규 채용이 감소하는 것으로 나타났다. 정년 연장이 청장년 고용을 감소시키고 신규 채용을 줄이는 효과는 임금피크제가 도입되었던 사업체에서 상대적으로 약하게 나타났다. 이는 정년 연장으로 인한 인건비 부담 증가가 완화되면 다른 연령층의 고용감소가 적게 나타났음을 시사한다.

외국인력

    외국인 근로자 유치는 인구 변화에 의해 초래될 노동시장 수급불균형을 완화하기 위한 방안 가운데 하나로 인식되고 있다. 그러나 실제 인구 변화가 노동시장에 어떤 변화를 가져올지, 그리고 현재와 같은 구조의 외국인력 유입이 인구 변화로 말미암은 노동시장 불균형 문제를 완화하는 데 도움을 줄지를 판단할 근거는 부족하다. 이철희·김혜진(2020)의 연구는 마이크로 데이터로부터 생성한 외국인과 전체 내국인 근로자의 산업별 데이터를 이용하여 장래 인구 변화로 인해 추가적인 노동인력이 필요할 것으로 예상되는 산업과 현재 외국인이 집중적으로 유입되는 산업이 부합되는지를 분석함으로써 이 문제에 접근하였다.

    분석 결과 현재와 같은 구조로 외국인 근로자들이 각 산업에 진입하는 경우 인구 변화로 인한 산업 간 노동수급 불균형 문제를 해결하기 어려울 것으로 보인다. 향후 외국인 근로자를 필요로 할 가능성이 높은 산업은 젊은 노동인력이 빠르게 감소하고 고령 취업자가 늘어날 것으로 예측되는 산업이다. 반면 현재는 청년 취업자가 상대적으로 빠르게 증가하고 고령 취업자가 상대적으로 느리게 증가하는 산업에 외국인 노동이 집중되는 경향이 관찰된다. 학력별 분석 결과는 이러한 결과가 외국인의 다수를 차지하는 저학력 외국인 근로자의 산업별 유입 분포를 반영한다는 것을 보여준다. 고학력 근로자의 경우 현재 외국인 취업이 집중되는 산업과 장래에 외국인 유입이 필요할 것으로

                        인구문제의 해결 공간 | 이철희

예상되는 산업 간의 괴리가 상대적으로 작은 것으로 나타났다.

현재 외국인 근로자의 산업별 배분은 내국인 인력의 부족을 보완하는 방식으로 이루어지고 있는 것으로 보인다. 이철희·정선영(2015)의 연구는 외국인 근로자들이 주로 숙련 정도와 일자리의 질이 낮고 고령인력의 비중이 높은 부문으로 진입하고 있다는 것을 보여준다. 이는 내국인 근로자가 진입을 꺼리거나 내국인의 인건비를 감당하기 어려운 부문에 대해 외국인이 보완적인 노동 공급원으로서의 역할을 해왔다는 것을 시사한다. 그러나 현재와 같은 외국인 근로자의 산업별 배분이 유지되는 경우, 향후 인구 변화에 의해 추가적 노동인력의 투입이 필요할 것으로 예상되는 부문의 잠재적인 노동 수급 불균형 문제를 완화하기는 어려울 것으로 보인다.

이 연구의 결과는 외국인력 정책을 수립함에 있어서 현재 시점의 인력 부족 현황이나 내국인 노동에 대한 영향만을 고려한다면 장기적인 인구 변화와 이에 따른 노동시장 변화에 적절하게 대응하기 어렵다는 함의를 제공한다.

여성 노동

한국의 경우 현재 청년 경제활동인구의 빠른 감소 등 경제활동참가율의 구조적 특성과 인구 변화가 노동시장에 미치는 영향의 성격을 고려할 때 여성(특히 30대와 40대 여성)의 경제활동참가율을 높이는 것이 매우 중요할 것으로 보인다. 그렇다면 과연 여성노동 공급의 확대는 인구 변화로 인한 경제활동인구의 장기적인 감소를 어느 정도 완화할 수 있을까? 여성고용을 늘리려는 노력은 고령인구의 노동 공급을 확대하는 방안에 비해 효과적일까?

이철희·김규연(2019)의 연구는 2065년까지 한국 여성(25~54세)의 경제활동참가율이 미국이나 일본의 역사적 경험을 따라 변화하는 경우와 한국의 2018년 경제활동참가율이 유지되는 경우를 비교하여 추정함으로써 이 문제에 접근하였다. 분석 결과 미국이나 일본의 사례에 기초한 시나리오가 실현되는 경우 25~54세 여성 경제활동인구가 2042년까지 각각 약 14%(약 797,000명) 및 15%(약 831,000명) 더 늘어날 것으로 예상되며, 현재 경력 단절 현상이 심각한 30대와 40대 초반 여성 경제활동인구가 큰 폭으로 증가할 것으로 전망된다. 일본의 사례를 적용한 시뮬레이션 결과에 따르면 여성 경제활동을 증가시키기 위한 정책적인 노력이 적어도 가까운 장래에 있어서는 장년고용을 증가시키기 위한 노력에 비해 효과적이라는 것을 보여준다.

가치 중심의
통상정책

박지형 서울대 경제학부 교수

한국의 대외 지향적 경제발전 성과와
국제무역 환경의 격변

대외 지향적 한국 경제의 혁신과 국제무역 환경의 격변

한국 경제는 협소한 국내시장의 한계를 대외 지향적 경제정책, 기업활동, 그리고 문화 활동을 통해 넘어서고 발전해온 역사를 갖고 있다. 한국 경제의 혁신과 그 미래에 있어서도 이러한 대외 지향성은 여전히 중요한 부분을 차지할 것이다. 한국 경제의 중요 혁신 활동은 많은 경우 세계 시장을 염두에 두고 이루어지고 있으며, 이러한 혁신의 성공을 위해서는 국내의 인적·물적 자원뿐 아니라 전 세계 자원의 효과적 활용이 필요하다. 실제로 성공적 혁신의 많은 사례들이(예를 들면, 반도체, 자동차, 바이오, K-Pop 분야) 이러한 대외 지향적 발전전략의 유용성을 보여주고 있다.

한국 경제의 이러한 대외 지향적 발전은 제2차 세계대전 이후 설립되고 유지되었던 GATT, 그리고 그 후신인 WTO로 대표되는 국제무역체제와 이를 통한 해외시장에 대한 안정적 접근성에 힘입은 바가 크다. 하지만 한국 경제는 현재 국제무역 환경의 격변이라는 큰 도전에 직면하게 되었고, 이에 대한 정확한 이해와 대응이 필요한 시점이다.

국제무역 환경의 변화 및 대응과 관련해 필자는 신보호주의 등장과 국제무역체제의 위기, 그리고 대중국 무역 및 투자환경의 변화에 대해 논하고 그 대응 방안을 모색하고자 한다. 또한 필자는 새로운 통상 이슈로 떠오른 탄소중립 경제와 관련된 탄소 국경세 및 글로벌 디지털세에 대해서도 논할 것이다.

이러한 논의에 앞서, 대외 지향적 한국 경제의 성과와 더불어 그 한계를 간략히 논의하겠다.

한국의 대외 지향적 경제의 성과와 한계점

한국 경제는 본격적으로 성장하기 시작한 시기인 1960년대부터 대외 지향적 정책 및 경제활동에 의지하여 협소한 국내시장의 한계를 극복해왔고, 그 과정에서 글로벌 밸류 체인(이하 GVC)을 적극적으로 활용해왔다.[1] GVC를 통해 해외 원자재, 노동력 및 기술의 활용과 해외시장 접근을 효과적으로 할 수 있었으며, 이는 한국의 경제 발전에 큰 도움이 되었다.

GVC를 적극적으로 활용하여 규모의 경제를 이루며 특히 많은 발전을 이룬 기업들은 주로 대기업 혹은 중견기업이라고 할 수 있으며, 그 과정에서 몇몇 대기업들은 전 세계적으로도 경쟁력이 있는 글로벌 기업으로 성장하였다. 이에 반해 한국의 중소기업들은 많은 경우 대기업의 하청기업 역할을 하면서 GVC에 간접적으로 참여해왔으며, 대기업 혹은 중견기업과 비교하여 여러모로 어려움을 겪고 있는 것으로 알려졌다.

이러한 한국 기업의 이중적 구조에 대한 정확한 이해는 대외 지향적 한국 경제의 장점은 강화하며 그 단점을 보완하기 위해 필요한 중요한 문제이다. 필자는 이 문제에 대해 서로 보완적일 수 있는 세 가지 이론 혹은 가설을 간략히 소개하고 관련 연구의 필요성을 논하고자 한다. 첫 번째 이론은 최근에 가장 주목을 받고 수많은 후속 연구를 만들어 낸 Melitz 모형이다.[2] 이 모형에 따르면, 생산성이 높은 기업은 자유무역의 확대에 따라 매출 및 이윤 증가를 누리는 반면, 생산성이 낮은 내수 위주의 기업은 경쟁의 증가로 퇴출되거나 수익이 악화된다. 따라서 많은 후속 연구를 통해 그 유의성이 검증된 이 모형에 의하면 한국 기업들의 양극화 현상은 일반적인 현상일 뿐 아니라 생산성이 높은 기업이 보다 많은 자원을 이용하도록 유도함으로써 전체 경제의 효율성을 증가시키는 긍정적인 현상일 수 있다.

반면 두 번째 가설에 의하면, Melitz 모형은 대기업과 중소기업이 원청 및 하청기업으로 역할 분담을 하는 한국 경제의 특성을 충분히 반영하지 못하고 있고, 자유무역의 확대에 따라 직접 수출에 참여하는 대기업들의 수요 독점적 지위가 강화되어 이에 따른 시장의 실패가 수반될 수 있음을 간과하고 있다는 것이다. 이에 더하여 세 번째 가설은 한국 노동시장의 경직성이 기업 간 양극화를 심화시켰다는 것이다. 자본집약적인 대기업에 비해 노동집약적 중소기업은 노동시장의 경직성에 훨씬 큰 부정적 영향을 받을 수 있고, 그 결과 기업 성장에 제한을 받고 퇴출률도 높을 수 있다. 실제로 한국 기업들의 규모를 일본 및 미국의 기업규모와 비교했을 때 한국은 매우 작은 규모의 중소기업의 비중이 높고 이들 기업의 시장 진입 및 퇴출률도 매우 높다는 실증분석 결과가 있다.

많은 실증분석을 통해 그 유의성이 검증된 Melitz 모형과는 다르게 두 번째와 세 번째 가설은 앞으로 많은 연구가 필요한 분야이며, 관련 연구의 결과에 따라 적절한 경쟁정책 및 노동시장 정책을 마련할 필요가 있다.

국제무역 환경 변화와
한국 경제의 대외 경제 전략

신보호주의의 등장[3]

2000년대에 새롭게 강화된 보호무역주의 흐름을 신보호주의라고 할 수 있는데, 전통적인 보호주의가 유치산업 보호론에 근거한 개도국 중심의 보호무역주의였다면 신보호주의는 선진국 중심의 보호무역주의이다. 선진국의 반이민, 반세계화 움직임과 더불어 개도국, 특히 중국으로부터 수입되는 노동집약적 제품으로 인해 자국의 제조업 및 중산·중간층이 붕괴될 우려가 있어 이를 보호하기 위한 보호무역주의 흐름이 강화되었는데, 이들을 총칭하여 신보호주의라고 한다.

신보호주의의 이면에는 선진국의 소득 분배 악화 문제가 있다.

앞서 언급된 바와 같이 중국을 중심으로 한 개도국들의 수출 증가가 선진국 블루칼라 노동자들에게 부정적인 영향을 미쳤지만, 인공지능과 로봇 등 각종 분야의 기술 발전이 자본과 단순노동 사이의 수익 격차를 벌리는 더 큰 요인이라는 것이 많은 실증연구를 통해 검증되었다. 미국의 경우, 국제무역과 기술 변화에 의한 분배 문제 악화에 더하여 지난 30여 년에 걸쳐 지속적으로 재분배 정책이 약화되어, 선진국 중에서도 가장 심각한 소득 분배 문제를 갖게 되었다.

소득 분배의 악화는 자본보다는 노동에 소득의 대부분을 의존하고 있는 다수의 중간층으로 하여금 개도국으로부터 들어오는 노동집약적 제품에 대한 고율의 관세 부과를 선호하도록 한다. 비록 이러한 보호무역정책이 자본의 수익률을 저하시키고 경제 전체의 효율성을 악화시킴에도 불구하고, 노동소득에 의존하는 중간층 입장에서는 부정적인 효과보다 긍정적인 효과가 큰 것이다. 특히 미국의 경우 선거의 결과를 좌우하는 주에서 블루칼라 노동자의 선호가 중요해졌기 때문에, 양대 정당이 모두 신보호주의적 정책을 채택하게 되었고 미국의 보호주의 정책 기조는 장기간 이어질 것으로 예상된다. 소득 분배 악화의 보다 큰 부분이 기술의 발전으로부터 발생되었고, 기술 발전은 지속될 것이기 때문에 신보호주의 정책 또한 장기화가 전망되는 것이다.

한국의 경우 기술집약적, 자본 집약적, 문화 집약적 제품에 상대우위가 있기 때문에 선진국 신보호주의의 직격탄을 맞을 가능성은 상대적으로 적다. 하지만 미·중 무역 분쟁이 국제무역체제를 불안정하게 만든 만큼, 많은 국가들이 예전에 비해 더 쉽게 보호무역주의 정책의 유혹에 빠질 수 있는 상황이 되었고, 한국도 이러한 위험에 크게 노출되어 있다고 볼 수 있다. 이에 대응하기 위해 정부는 기존에 맺고 있는 자유무역협정을 잘 유지하고 강화해나가는 노력을 해야 한다. 개별 기업들 또한 이러한 보호무역주의 정책의 리스크를 인지하고, 이를 고려하여 글로벌 경제활동을 펼쳐야 할 시기이다.

국제무역체제의 위기 및 전망

한국의 대외 지향적 경제발전은 GATT 및 그 후신인 WTO를 통해 안정적으로 유지되었던 국제무역체제와 이에 근거한 해외시장으로의 안정적 접근을 배경으로 이루어졌다. 국제무역체제는 제2차 세계대전 후 미국과 유럽 선진국들을 중심으로 구축되었고, 추후 중국을 비롯한 많은 개도국들이 선진국 지적재산권의 보호라는 비용 대비 선진국 시장에의 안정적인 접근성 확보라는 편익이 크다고 판단해 WTO에 가입함으로 확대 유지되었다. 하지만, 앞에서 논의한 바와 같이 선진국의 신보호주의가 강화되면서 WTO 체제 또한

2000년대에 들어서면서 약화(시애틀 라운드 시작의 실패 및 도하 라운드 진척의 부재 등)되기 시작하였고, 트럼프 행정부 하에서 진행된 미·중 무역 분쟁을 통해 WTO 체제의 구속력은 상당 부분 무력화된 상태이다. 이러한 국제무역체제의 위기는 대외 지향적 한국 경제 혁신의 위기로 작용하는 만큼, 그 이유에 대한 정확한 이해가 필요하다.

WTO 체제의 구속력을 담보하는 분쟁해결절차가 그동안 완벽히 작동한 것은 아니지만 많은 경우 분쟁 당사국 간 분쟁해결은 전문가들로 구성된 WTO의 패널 및 상소기구를 통한 제3자의 판단을 중심으로 이루어졌다. 2018년 초 태양광 패널 및 세탁기 수입에 대한 미국의 세이프가드 관세 부과와 이에 대응한 미국산 수수에 대한 중국의 보복성 덤핑관세 부과로 시작된 미·중 무역 분쟁은 WTO 상소기구의 판결을 담당하는 판사들의 임용 중지로 이어져, 결국 WTO의 분쟁해결절차는 무력화된 상태이다. 제3자의 판단에 근거한 분쟁해결이 불가능해진 상태에서 미·중은 각자의 불완전한 사적 판단 혹은 정보에 의거하여 상대국의 WTO 협정 불이행 여부를 판단하고 이를 징벌적 관세 부과를 통해 응징하는 과정이 미·중 무역 분쟁이었다. 필자의 연구에 따르면 이러한 방식으로 무역협정의 이행을 강제하는 것은 제3자 분쟁해결기구를 이용하는 방법과 비교하면 매우 높은 관세를 서로 장기간 부과하게 되는 매우 비효율적인 협정 강제 메커니즘이다.[4]

가치 중심의 통상정책 | 박지형

이러한 비효율성에도 불구하고, WTO의 분쟁해결기구의 정상화는 상당 기간 어려울 것으로 전망된다. 제3자 분쟁해결기구가 적절히 작동하기 위해서는 협정 이행 여부에 대한 국가 간 정보의 비대칭성이 지나치게 크지 않아야 한다. 미국을 비롯한 선진국들은 중국의 협정 이행(특히 지적재산권 보호 및 국가보조금 지급 등과 관련된)에 대한 정보 비대칭성이 너무 커 분쟁해결기구가 적절한 판단을 할 수 없고 이에 따라 제3자 기구의 판단을 따를 수 없다는 입장이다.[5] 이 문제를 해결하기 위해서는 중국이 룰(법률 등의 규범)을 중심으로 하는 보다 투명하고 예측 가능한 체제로 전환하는 것이 필요한데, 최근에 일어나고 있는 중국 체제의 변화는 오히려 이러한 방향이 아니라고 본다.

아쉽게도 미·중 갈등은 경제문제를 넘어서 일종의 체제 경쟁의 국면으로 확대되고 있고, 홍콩 사태 등을 통해 다수의 서구 선진국들도 이 문제에 있어서 미국의 편을 들기 시작한 상황이라 당분간 WTO 체제의 혁신을 통한 국제무역체제의 안정화는 어려울 것으로 본다. 이에 따라 WTO 협정의 구속력 재확보가 어려울 것이므로, 기업들은 각국이 보호무역정책을 남용할 수 있음을 고려한 상태에서 경제활동을 펼쳐야 할 것이다. 정부도 외국의 과도한 보호무역정책에는 단호히 대응할 수 있는 체제를 갖추어 자국 기업을 보호하는 한편, 기존 자유무역협정의 이행 및 운영에 대해 협정국들과의 협조

체제를 강화해나가야 할 것이다.

중국의 위상 변화와 한국 기업의 대 중국 해외직접투자

최근 코로나19 등으로 인해 GVC의 재편이 일어나고 미·중 무역 갈등의 격화로 중국의 세계 공장으로서의 위상이 흔들릴 것이라는 의견이 많다. 그러나 세계 공장으로서의 중국의 역할은 미·중 무역 분쟁 이전부터 약화되어왔다.

먼저 한국의 대 중국 투자 및 중국 자회사의 경제활동을 살펴보면 이미 지난 글로벌 금융위기 직후부터 변화의 양상이 나타났다. 2000년 초반부터 2018~2019년까지 한국 기업 해외 지사의 경제활동을 살펴보면, 글로벌 금융위기 이후에는 투자 및 생산 활동의 중심축이 중국에서 베트남으로 옮겨오는 것을 파악할 수 있다. 2010년 이후 한국 기업들은 중국 내 경제활동을 크게 줄여 중국인 고용 노동자 숫자가 급감하였고, 그 결과 2015년 이후에는 중국보다 베트남의 고용 노동자 수가 많아졌으며 그 차이는 더 늘어나고 있다.[6]

이는 상당 부분 중국 내부의 경제적 환경 변화에 기인한다. 중국은 금융위기 직후 내수 중심으로 경제를 활성화하려는 노력을 기울여 왔고, 이에 따라 중국의 고도성장은 중국 내 임금의 빠른 증가로

가치 중심의 통상정책 | 박지형

이어졌다. 결국 중국의 저임금 노동을 이용하는 방식으로 이루어져왔던 대 중국 투자의 상당 부분은 당시 적절한 대안으로 떠오른 베트남으로 이동했다. 그런 점에서 중국의 세계 공장 역할은 코로나19 이전, 더 나아가 미·중 무역 분쟁 이전부터 약화되어 왔다고 볼 수 있다.

하지만 총액 기준으로 보면 한국의 대 중국 투자는 글로벌 금융위기 이후에 감소했다기보다 그 성격이 수직적 해외직접투자 중심에서 수평적 투자 중심으로 바뀌었다. 즉, 금융위기 이전에는 대 중국 투자가 저임금 노동을 활용하는 중간재 생산 혹은 조립 생산을 위한 투자였다면, 글로벌 금융위기 이후에는 주로 중국의 내수시장을 노린 투자로 바뀐 것이다. 그 결과 중국 내 자회사의 매출도 중국 내 관계기업 또는 한국의 관계기업에서 그 중심이 중국 내 현지 기업으로 이동했다. 이런 형태의 수평적 해외투자는 이미 한국 기업들이 선진국을 대상으로 해왔던 투자인데, 대 중국 투자도 선진국형으로 변한 것이다.[7]

G2로서의 중국의 위상과 관련해 향후 중국의 경제발전은 이전에 비해 그 속도가 늦춰질 수 있다고 본다. 지금까지 중국의 경제 및 기술 발전은 상당 부분 선진국의 기술을 쉽게 활용할 수 있던 환경에 기인한다. 현재는 기술 유출에 대한 선진국의 경각심이 커진 상황이고, 특히 미국을 중심으로 한 선진국들이 전략적 산업에 대해

중국을 배제한 GVC를 구축하려는 정책적 움직임이 가시화된 상태이다. 중국은 거대한 내수시장과 튼튼한 기초 과학 토대 등 내생적인 혁신과 성장이 가능한 조건을 갖추고 있기에 이러한 제약을 극복할 수도 있다. 하지만 최근 중국에서 진행되고 있는 국가 개입의 강화는 이러한 내생적 혁신과 성장에 필요한 기업과 개인의 자유로운 창발성에 부정적인 영향을 끼칠 수 있어 앞으로 그 추이를 지켜볼 필요가 있다.[8]

한국의 중장기적 경제정책 및 무역정책 방향

신보호주의 등장, 미·중 무역 분쟁, WTO 체제의 위기 등 국제무역 환경의 격변 속에서 대외 지향적 한국 경제가 어떻게 적응하고 발전해나가야 할 것인가는 매우 중요한 문제이다. 특히 미국이 전략적 산업에 대해 탈중국 GVC 구축을 추진하는 등, 국제무역 질서의 재편을 시도하고 있고, 이에 대한 중국의 반발이 예상되는 가운데 이러한 변화들이 한국 경제에 미칠 영향은 상당할 것으로 보인다.

향후 한국 기업들은 미국 등 선진국들과 중국이 함께 연관된 경제활동에서 GVC의 분절화를 겪게 될 가능성이 높다. 다행인 것은 앞서 살펴본 바와 같이 한국의 대 중국 투자 성격이 선진국 시장 공

가치 중심의 통상정책 | 박지형

략을 위한 중간재 생산 혹은 조립 생산을 위한 수직적 직접투자에
서, 이미 중국의 내수시장 공략을 위한 수평적 투자로 바뀐 것이다.
미국 등 선진국 시장으로의 투자는 예전부터 이러한 수평적 투자였
기 때문에, 한국 기업들은 중국 경제와 선진국 경제 사이의 GVC 분
절화에 어느 정도 준비된 상태라고 볼 수 있다.

문제는 향후 GVC 분절화의 심화가 한국 경제의 위기로 이어
질 가능성이 있다는 것이다. 현재는 수평적 해외직접투자의 경우에
도 해외 자회사의 매입 중 국내 관계기업에서 수입하는 비중이 상
당히 높다. 이는 한국의 모회사가 핵심적인 생산부문을 국내에 유지
하면서 해외 자회사의 매출이 국내 부가가치 창출로 이어졌음을 보
여준다. 그러나 미국 제조업의 활성화를 추진하는 바이든 행정부는
글로벌 기업의 핵심 생산기지를 미국에 유치하려는 노력을 강화하
고 있고, EU와 중국 또한 비슷한 정책을 강화해나갈 것으로 예상된
다. 이러한 거대 시장 국가들의 핵심 생산기지 유치 노력이 국내 핵
심 생산기지의 해외 이전으로 이어진다면, 거대 시장과 한국 경제가
GVC 상에서 분절화되는 매우 위험한 상황이 올 수 있다.

따라서 한국 기업의 핵심적 생산 활동이 앞으로도 국내에서 이
루어질 수 있는 환경을 마련하는 것이 매우 중요하다. 이를 위해서
는 R&D 지원 강화 등도 필요하겠지만, 무엇보다도 기업 및 개인
의 혁신 활동이 자유롭고 충분히 일어날 수 있도록 각종 규제들을

완화하고 이러한 혁신 활동이 실제 시장을 통한 가치 창출로 이어질 수 있도록 시장 메커니즘의 역동성을 회복시키는 정책을 펴야 할 것이다.

중장기적 무역정책도 새로운 방향성 모색이 필요하다. 앞서 언급된 바와 같이 미·중 무역 분쟁은 이후 발생한 홍콩의 인권 문제 등을 통해 서방 선진국들이 중국 정부에 대해 갖고 있던 인식이 변화함에 따라 체제 대결적 성격을 띠기 시작했다. 트럼프 정부 때는 아메리카 퍼스트의 기치 아래 미국이 기존 우방국과도 마찰을 일으켜 한국에 가해진 대중국 국제공조에 대한 참여 압력은 그렇게 크지 않았다고 볼 수 있다. 그러나 바이든 행정부는 인권 문제를 전면에 내세우며 GVC 분절화를 포함하여 대중국 글로벌 공조 시스템을 변화시키고 있다. 이는 미·중 간 갈등이 단순한 무역 분쟁 차원을 넘어 글로벌 경제 및 정치·군사 시스템의 변화로 진행되고 있음을 보여준다.

이렇게 체제 대결적 갈등의 심화가 예상되는 미국을 중심으로 한 선진국 진영과 중국 사이에서 한국은 어떤 입장을 취해야 할 것인가? 한국은 눈부신 경제적 발전 이외에도 인류가 추구해온 보편적 가치, 즉 정치적 민주화와 인권 확립, 법치주의 강화, 언론자유의 확보, 경제·사회적 투명성 확대 등 많은 정치·사회적 발전을 이룩한 나라이며 국제사회의 모범생이다. 한국의 이러한 장점은 세계 각국이 받아들이거나 인정할 수밖에 없는 가치에 중심을 두는 포지셔

닝을 가능하게 한다. 즉, 미국이나 중국 간 양자택일의 문제가 아닌 보편적인 가치를 수호하는 방향으로 국제사회가 나가야 한다는 입장을 취하는 것이다. 중장기적 통상 정책 측면에서는 우선 다자주의 국제무역 질서 회복을 위해 적극적으로 참여할 용의가 있다는 것을 확실하게 밝힐 필요가 있다. 국익 때문에 미국이나 중국 중 어느 한쪽의 편을 든다는 개념이 아니라, 세계 경제의 투명하고 공정한 운용이라는 보편적인 가치를 위해 중장기적 무역정책을 선택하고 집행한다는 입장을 취하는 것이다. 그래야 중국과 미국 어느 쪽의 자의적인 행동에도 반대할 수 있고, 궁극적으로 국익을 지킬 수 있다.

물론 앞서 논의한 바와 같이 다자주의 국제무역 질서의 회복은 쉽지 않으며, GVC의 분절화도 심화될 가능성이 높다. 국제 규범에 입각한 다자주의 무역 체제 복원이 어렵다면 결국 선택할 수 있는 것은 현재 작동하고 있는 규범을 기반으로 무역정책을 운용하는 것이다. 즉, 미국, 유럽, 중국과 맺은 FTA나 역내 포괄적 경제 동반자 협정RCEP 등 글로벌 경제의 룰 베이스 시스템을 최대한 활용하는 게 필요하다. 이러한 실용적인 접근법도 앞서 언급된 세계 경제의 투명하고 공정한 운용이라는 보편적인 가치를 부분적이라도 이룩하기 위한 선택이라는 입장에서 추진할 때 양 진영에서 제기될 수 있는 비판에서 상대적으로 자유로울 수 있다.

새롭게 등장하는 무역 관련 이슈: 기후변화와 탄소 국경세, 글로벌 디지털세

탄소 국경세 논의가 한국의 무역환경에 미칠 영향

최근 EU와 미국의 탄소 국경세 논의 등 기후 변화와 관련한 의제가 국제적 화두로 떠올랐다. EU의 경우 몇 년 내에 탄소 국경세를 도입할 것을 천명했고, 이와 관련해 보호무역주의의 다른 형태가 아니냐는 우려가 제기되고 있다.

국제통상 분야의 석학인 Bagwell과 Staiger 교수의 공저 논문에 따르면 각국이 자국 시장의 접근성을 맞교환하는 내용을 담은 무역협정은 각 국가가 국내의 경제·사회적 목적을 위한 정책을 입안하는 데 제한적 요소로 작용할 수 있다.[9] 이는 역으로 각국의 환경정책과 같은 국내 정책이 무역협정의 내용에 역행하는 결과를 가져오

가치 중심의 통상정책 | 박지형

고 나아가 보호무역주의 정책으로 악용될 수 있다는 것이기 때문에, EU의 탄소 국경세 논의는 국제무역 질서 유지 및 보호무역주의 이슈와 연결되어 있다.

WTO 체제하에서 각국이 무역 협상을 통해 얻는 것은 결국 서로의 시장을 맞교환하는 것이라 할 수 있다. Bagwell과 Staiger 교수의 논문에 따르면 이러한 맞교환은 각국이 무역장벽을 이용하여 교역조건을 자국에 유리한 방향으로 바꾸지 못하도록 하는 효과를 낸다. 하지만 EU의 탄소 국경세 도입이 이러한 WTO 무역 협상을 무력화시키는 보호무역주의 정책의 수단으로 사용될 것인지 여부는 아직 결정되지 않았다. EU는 역내 기업에 고율의 탄소세를 부과하는데, 이로 인해 EU 역내 기업은 높은 생산 원가를 지불하게 되어 경쟁력을 잃고, EU 외부의 기업은 상대적으로 경쟁력이 강화되어 EU 시장의 점유율을 높일 수 있기에 EU의 역내 탄소세는 오히려 EU의 교역조건을 악화시키는 효과를 낸다. 따라서 이러한 역내 탄소세의 효과를 고려해 탄소 국경세가 역내 기업의 경쟁력 약화를 보전해주는 수준에서 운용된다면 이는 보호무역주의 정책의 수단으로 악용되는 것은 아니다. 그러므로 한국도 탄소 국경세에 대하여 무조건적 반대나 우려를 제기하기보다 실제로 탄소 국경세가 도입되는 방식에 대해 관심을 갖고 이 국경세가 보호무역주의 정책으로 악용되지 않도록 의견을 낼 필요가 있다.

탄소세 및 탄소 국경세 도입은 기후 변화에 대응하기 위해 현재의 탄소 중심 경제를 탄소중립 경제로 바꾸기 위한 전 세계적 노력이 가져올 변화의 시작일 수 있다. 선진국 경제의 일부로 볼 수 있는 한국도 빠르게 탄소중립 조건을 만족시켜야 한다는 국제적 압력이 강화될 것이다. 한국 경제는 아직 탄소 중심의 경제인데, 이를 탄소중립 경제로 변화시키기 위해서는 장기적이고 체계적인 비전과 정책이 필요하다. 이와 관련해 가장 중요한 부분이 에너지 분야인데, 에너지 공급 부문은 국가 독점적 성격이 크기 때문에 정부에서 에너지 수급 문제를 어떻게 풀지가 굉장히 중요하다. 또한, 환경 관련 세금제도를 어떻게 정비할 것인가의 문제와 더불어 탄소중립 경제로 변화하는 과정에서 한국의 실정에 맞는 혁신적 기술이 개발되어야 하는데 이를 지원하는 정책의 개발도 시급한 문제이다.

글로벌 디지털세

글로벌 디지털세 도입과 관련하여 OECD를 중심으로 지난 2013년부터 글로벌 기업의 조세 회피 대응 방안을 논의한 결과 다음과 같은 내용이 2021년 7월에 132개국 간에 잠정 합의됐다. 국제 법인세법 체계의 재정립과 관련해 첫째로 매출액이 220억 유로(한화 약 27조 원)를 넘는 다국적 기업의 매출이 발생되는 국가가 매출 기준 10%가 넘는 초과 이익에 대해서 20~30%의 세금을 징수할 수 있게 하는 안(pillar 1 안)이 합의됐다. 둘째로 최저법인세율을 15%로 정하기로 한 안(pillar 2 안)도 합의됐다.

2021년 G20 정상회담을 통해 최종 합의된 후에는 2023년부터 그 시행이 예상되는 국제 법인세법 체계의 변화는 그동안 조세 피난지 국가에 법인을 설립한 다국적 기업들, 특히 디지털 산업의 특성상 이러한 조세 회피를 매우 효과적으로 해왔던 구글, 아마존, 페이스북과 같은 거대 디지털 기업이 추후 매출을 일으키는 국가에 더 많은 세금을 납부하게 될 것으로 보인다. 또한, 조세 피난지를 이용한 법인세 회피 때문에 발생해왔던 각국의 법인세 설정과 관련된 바닥 치기 경쟁race to the bottom도 줄어들 가능성이 높다. 한국 경제와 관련해서는 삼성, 하이닉스와 같은 거대 글로벌 기업들이 pillar 1 안의 대상 기업이 되면서, 그동안 한국에 내던 세금의 일부를 외국에 나누어 내게 될 가능성이 높아졌다.

이러한 변화는 디지털 기반 경제활동과 관련하여 각국 정부가 매우 다양한 세금 체계를 도입하고 이로 인해 국가 간 무역 분쟁이 발생하며 생길 국제경제 체제의 불안정성을 다자주의적 국제 법인세법 체계 도입을 통해서 줄일 수 있게 되었다는 점에서 긍정적인 변화라고 할 수 있다. 하지만 세계적으로 디지털 기반 경제활동이 확대되면서 글로벌 법인세제 문제 이외에도 각국이 디지털 경제활동에 다양한 규제를 도입하면서 발생할 무역 분쟁의 가능성은 높아지고 있는 실정이다. 따라서 한국은 국제적으로도 설득력을 얻을 수 있는 방향으로 디지털 경제활동에 대한 국내의 규제 체계를 정립해 나갈 필요가 있다. 디지털 규제와 관련한 국제적 논의에도 적극적으로 참여해 국익에 도움이 될 수 있는 방향으로 국제적 규범이 발전될 수 있도록 노력해야 한다.

대외 지향적 경제발전의 한계 및
대 중국 투자의 변화

한국의 대외 지향적 경제의 성과 및 한계점과 관련된 보다 자세한 논의

앞서 논의된 바와 같이 한국 기업의 이중적 구조를 어떻게 이해해야 할 것인가는 관련 경제정책의 수립과 관련하여 매우 중요한 문제이며, 대외 지향적 한국 경제의 장점은 강화하고 그 단점을 보완하기 위해서도 필요한 중요한 문제이다. 본 심화 노트에서는 한국 기업의 이중구조와 관련해 앞에서 간략히 소개된 세 가지 이론 혹은 입장을 보다 자세히 소개함으로써 심층적인 이해를 돕고자 한다.

첫 번째 이론은 국제경제학 분야에서 2000년대 들어서면서 가장 많은 주목을 받고 수많은 후속 연구를 만들어 낸 Melitz(2003) 모형이다. 이 모형에 따르면, 생산성이 높은 기업은 해외시장 진출에 필요한 고정 비용을 감수할 만큼의 수출이 가능하기 때문에 자유무역의 확대에 따라 매출 및 이윤 증가를 누릴 수 있는 반면, 생산성이 낮은 내수 위주의 기업은 오히려 경쟁의 증가로 퇴출되거나 수익이 악화된다. 이 모형은 또한 자유무역의 확대에 따른 기업 간 양극화 현상이 생산성이 낮은 기업이 이용하던 각종 자원을 생산성이 높은 기업이 이용하도록 유도함으로써 전체 산업 및 경제의 효율성을 증가시킬 수 있음을 강조한다. 많은 후속 연구를 통해 그 유의성이 검증된 이 모형에 따르면, 한국 기업들의 양극화 현상은 일반적인 현상일 뿐 아니라 전체 경제의 효율성을 증가시키는 긍정적인 현상일 수 있다.

한국 기업의 이중구조에 대한 두번째 입장은 Melitz 모형의 한계점을 지적하는 데에서 시작한다. 이 모형은 모든 기업들이 수평적으로 차별화된 상품을 판매하는 독점적 경쟁에 기반한 모형으로 대기업과 중소기업이 원청 및 하청기업으로 역할 분담을 하는 한국 경제의 특성을 충분히 반영하지 못하고 있다. 만일 Melitz 모형을 확장하여 대기업과 중소기업 간 원청과 하청기업으로서 특성화된 중간재 거래가 일어나도록 하면, 자유무역의 확대에 따라 직접 수출에 참여하는 대기업들의 수요 독점적 지위가 강화될 수 있다. 필자가 연구 중인 두 번째 모형은 자유무역의 확대가 생산성이 높은 기업들의 성장에 따른 전체 경제의 효율성 증가뿐 아니라 이러한 기업들의 독점적 지위 강화에 따른 시장의 실패 또한 수반할 수 있음을 보여줄 수 있을 것이다.

한국의 기업들 간에 심화된 양극화 현상과 관련한 세 번째 입장 혹은 가설은 노동시장의 경직성이 이러한 양극화를 심화시켰다는 것이다. 전체 생산액에서 노동의 기여도가 상대적으로 낮은 대기업의 경우 노동시장의 경직성이 기업활동에 미치는 영향이 상대적으로 작을 수 있는 반면, 노동집약적 생산 활동이 주를 이루는 중소기업의 경우는 이에 큰 영향을 받을 수 있다. 예를 들면, 중소기업의 경우, 노동시장의 경직성으로 인해 매출이 증가하는 기회가 오더라도 미래의 매출 감소를 우려하여 기업 규모를 쉽게 키우지 못할 수 있으며, 매출의 큰 감소가 있는 경우에는 이를 견디지 못하고 도산할 가능성이 높아진다. 실제로 한국 기업들의 규모를 일본 및 미국의 기업 규모와 비교했을 때 한국은 매우 작은 규모의 중소기업 비중이 매우 높고 이들 기업의 시장 진입 및 퇴출률 또한 높다는 실증분석 결과가 있다.

위에 논의된 세 가지 이론 혹은 가설을 종합해보면, 한국 기업의 이중적 구조의 심화는 자유무역의 확대에 따라 생산성이 높은 대기업이 비대칭적으로 성장하며 전체 산업의 생산성을 끌어올린 긍정적 측면이 있으나, 이 성장이 대기업의 중소기업에 대한 수요 독점적 지위를 강화시켜 시장 지배력 확대에 따라 시장의 실패가 심해졌을 수 있다. 또한, 한국 노동시장의 경직성은 노동집약적 중소기업에 비대칭적으로 크게 악영향을 주어 기업의 이중적 구조를 더욱 심화시키고 있을 수 있다. 하지만 많은 실증분석을 통해 상당 부분 그 유의성이 검증된 Melitz 모형과는 다르게 두 번째와 세 번째 가설은 앞으로 많은 연구가 필요한 분야이며, 그 결과에 따라 적절한 경쟁정책 및 노동시장 정책을 마련할 필요가 있다.

한국 기업의 대 중국 해외직접투자 변화와 관련된 보다 자세한 논의

앞서 논의된 바와 같이 한국 기업의 대 중국 해외직접투자는 글로벌 금융위기 이후 그 성격이 값싼 노동력 이용을 위한 수직적 해외직접투자Vertical FDI에서 내수시장 접근성 강화를 위한 수평적 해외직접투자Horizontal FDI로 바뀌었고, 전자의 경우 그 중심축이 베트남으로 이전되었다. 이는 필자와 서울대학교 국제대학원의 안재빈 교수가 국민경제자문회의 연구용역 보고서인 〈한국의 해외직접투자 구조 변화 추이 및 현황 분석과 정책적 시사점〉의 분석을 통해 파악한 내용이다.

이러한 대 중국 해외직접투자의 성격 변화에 대한 이해를 돕기 위하여 본 심화 노트에서는 이 보고서 내용 중 관련 내용을 발췌하여 정리하였다. 글로벌 밸류 체인GVC의 변화와 관련하여 가장 중요한 산업은 제조업 분야이고, 한국의 해외직접투자에 있어서도 가장 큰 비중을 차지하는 것이 제조업이기 때문에 아래 인용하는 분석들은 한국 기업들의 제조업 부문 해외직접투자에 관한 것이다. 우선 [그림 1–1, 1–2]는 각각 지역별 제조업 부문 신규 법인 수 및 투자금액 추이(1980~2019년)를 나타내고 있는데, 두 그림 모두 제조업 부문에서 아시아 지역이 차지하는 비중이 최근 유럽 및 북미 지역으로의 투자금액이 크게 증가한 것을 제외하고는 절대적으로 큰 것을 알 수 있다.

따라서 제조업 부문의 해외투자의 변화 추이를 보다 자세히 살펴보기 위해 아시아 지역으로 지역을 제한하고 국가별 제조업 부문 신규 법인 수 및 투자금액 추이를 나타낸 것이 [그림 2–1, 2–2]이다. 이

가치 중심의 통상정책 | 박지형

그림1 지역별 제조업 부문 신규 법인 수 및 투자금액 추이(1980~2019년)

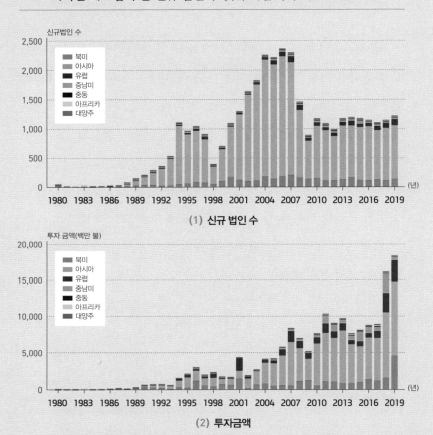

(1) 신규 법인 수

(2) 투자금액

그림은 글로벌 금융위기 직후 중국에 투자하는 신규 법인 수가 급격히 줄었고 2010년대에 들어서면서 베트남에 투자하는 신규 법인 수가 급격히 증가했음을 보여준다. 투자금액의 변화 추이를 살펴보면, 금융

그림 2 **아시아 제조업 부문 신규 법인 수 및 투자금액 추이(1980~2019년)**

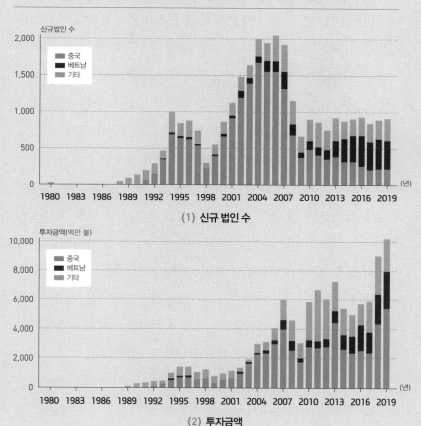

(1) 신규 법인 수

(2) 투자금액

위기 전까지 빠르게 증가하던 대 중국 투자금액이 금융위기 이후 줄
어든 상태에서 정체된 것을 볼 수 있으며, 2010년대에 베트남으로의
투자금액은 빠르게 증가한 것을 확인할 수 있다.

아시아 지역에 진출한 한국 자회사들의 경제활동의 변화는 아시아 지역 내 제조업 부문 총매출액 및 총고용 비중의 변화 추이를 통해 살펴볼 수 있는데, [그림 3-1, 3-2]는 각각 이 비중의 변화 추이(2007~2018)를 나타내고 있다. 이 그림은 중국에 위치한 자회사의 총매출액 비중은 금융위기 이후에도 상당 기간 70%를 넘는 수준을 유지해오다 2015년부터 빠르게 감소하기 시작하여, 2018년에는 55%가 조금 넘는 수준으로 낮아졌다. 이에 반하여 베트남에 위치한 자회사의 총매출액 비중은 2010년대에 꾸준히 증가하여 2018년에는 25% 정도의 비중을 차지하게 된 것을 알 수 있다. 총고용 비중의 변화 추이는 아시아 지역 한국 자회사들의 경제활동의 중심이 중국에서 베트남으로 이전해온 것을 더 극명하게 주고 있는데, 중국에 위치한 자회사들의 총고용 비중이 2007년 60%에서 2018년 20% 수준으로 급감하였고, 반대로 2007년 20%에 가까웠던 베트남에 위치한 자회사의 고용 비중이 2018년에는 50%를 넘어선 것을 확인할 수 있다.

[그림 3]은 각국이 아시아 지역 내 제조업 분야 현지법인 총매출액과 총고용액에서 차지하는 비중의 변화를 보여준 것이기 때문에, 베트남과 중국의 현지법인의 총매출액과 총고용의 변화를 살펴볼 필요가 있다. [그림 4-1, 4-2]는 이 두 국가 현지법인의 총고용과 총매출액의 변화를 각각 보여주고 있다. 베트남의 경우 총고용자 수는 2007년부터 계속적으로 빠르게 상승하여 2018년에는 70만 명을 넘어선 반면, 중국의 경우 총고용자 수는 2013년에 65만 명 수준에서 정점을 찍은 후 빠르게 감소하여 2018년에 45만 명에 가깝게 감소한 것

그림 3　아시아 제조업 부문 총매출액 비중 및 총고용 비중(2007~2018년)

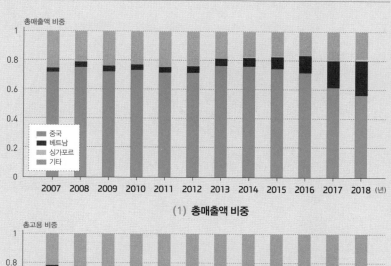

(1) 총매출액 비중

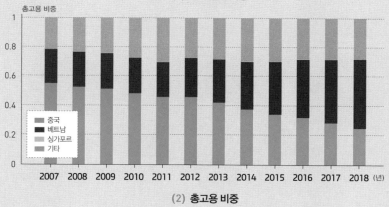

(2) 총고용 비중

을 확인할 수 있다. 총매출액에 있어서도 비슷한 변화 추이를 나타내고 있지만, 2018년 베트남 현지법인의 총매출액은 아직 중국 현지법인 총매출액의 3분의 1 수준으로 총고용자 수에서 중국을 압도하게

그림4 현지법인의 제조업 총고용 및 총매출액 (2007~2018년)

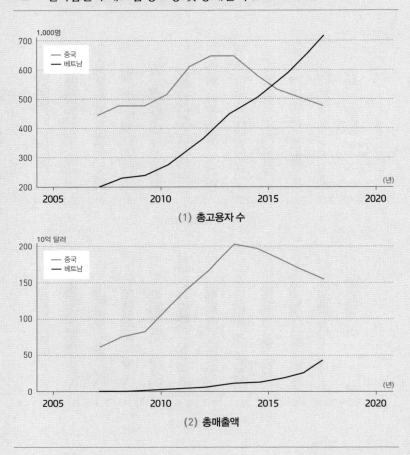

(1) 총고용자 수

(2) 총매출액

된 것과는 대조적인 모습이다. 이는 제조업 부분에서 베트남 현지법
인이 중국 법인에 비해 훨씬 노동집약적 생산을 중심으로 기업활동을
하고 있음을 보여준다. 글로벌 금융위기 이후 발생한 중국의 급격한

인건비 상승이 한국 기업의 탈중국 및 베트남행을 유도한 것인가에 대해서는 보다 엄밀한 분석이 요구되는데 이는 앞서 언급된 보고서에서 다루고 있고, 이 보고서에서 진행한 실증분석은 이러한 가설을 지지하는 결과를 보여준다.

한국 기업의 제조업 분야 해외직접투자 및 해외 법인 경제활동의 중심축이 중국에서 베트남으로 이전한 것 이외에도 앞서 언급된 보고서는 대 중국 해외직접투자의 성격이 글로벌 금융위기 이후 값싼 노동력 이용을 위한 수직적 해외직접투자에서 내수시장 접근성 강화를 위한 수평적 해외직접투자로 바뀐 것을 보여준다. 지면 관계상 본 심화 노트에서는 이 내용을 정리한 요약문을 인용하고 이 분석의 근거가 된 [표 1-1, 1-2]를 제공한다. 이 표와 요약문은 통일연구원(2021) 58~59쪽에서 발췌한 내용을 바탕으로 기술되었음을 밝힌다.

"수출입은행의 현지법인 수준 자료에서 제공하는 매출 형태를 이용해서 각 지역별로 관계회사 매출 비중을 계산하면, 이 비중이 높을수록 해당 지역 해외직접투자의 성격이 수직적 FDI에 가깝고, 현지 비관계회사 매출 비중이 높을수록 수평적 FDI에 가깝다고 해석이 가능. 북미 지역, 중국 지역, 신남방 지역(베트남 포함), 그리고 신북방 지역에 대해 비관계회사 및 관계회사 매출비중을 2007년과 2017년 자료를 이용해 구하여 각 지역 FDI 성격을 파악해보면, 북미 지역은 수평적 FDI 성격이 2007년부터 강했고 2017년에 이 성격이 더욱 강해졌고; 중국 지역은 2007년에는 수직적 FDI 성격이 강했으나, 2017년에는 수평적 FDI 성격이 강해졌으며; 신남방 지역은 양 년도 모두 수

　　　　　　　　　　　　가치 중심의 통상정책 | 박지형

직적 FDI 성격이 강하고; 신북방 지역은 양 년도 모두 수평적 FDI 성격이 강하나 해외법인의 수가 작아 일반화하기는 어려움."

표1-1 지역별 해외 현지법인 매출 형태 현황(2007년)

A: 북미 지역	전 부문		기타 산업		광·제조·건설업	
	평균	중위값	평균	중위값	평균	중위값
비관계회사 매출 (전체) 비중	0.77	1.00	0.78	1.00	0.74	1.00
비관계회사 매출 (현지) 비중	0.69	1.00	0.70	1.00	0.67	1.00
비관계회사 매출 (한국) 비중	0.02	0.00	0.01	0.00	0.02	0.00
비관계회사 매출 (제3국) 비중	0.06	0.00	0.07	0.00	0.05	0.00
관계회사 매출 (전체) 비중	0.23	0.00	0.22	0.00	0.26	0.00
관계회사 매출 (현지) 비중	0.17	0.00	0.16	0.00	0.20	0.00
관계회사 매출 (한국) 비중	0.06	0.00	0.06	0.00	0.05	0.00
관계회사 매출 (제3국) 비중	0.01	0.00	0.00	0.00	0.01	0.00
관측치	297		183		114	

B: 신남방 지역	전 부문		기타 산업		광·제조·건설업	
	평균	중위값	평균	중위값	평균	중위값
비관계회사 매출 (전체) 비중	0.59	0.86	0.57	0.91	0.59	0.86
비관계회사 매출 (현지) 비중	0.40	0.09	0.47	0.21	0.39	0.07
비관계회사 매출 (한국) 비중	0.04	0.00	0.04	0.00	0.04	0.00
비관계회사 매출 (제3국) 비중	0.14	0.00	0.05	0.00	0.16	0.00
관계회사 매출 (전체) 비중	0.41	0.14	0.43	0.09	0.41	0.14
관계회사 매출 (현지) 비중	0.15	0.00	0.31	0.00	0.11	0.00
관계회사 매출 (한국) 비중	0.22	0.00	0.12	0.00	0.24	0.00
관계회사 매출 (제3국) 비중	0.05	0.00	0.00	0.00	0.05	0.00
관측치	379		65		314	

C: 중국	전 부문		기타 산업		광·제조·건설업	
	평균	중위값	평균	중위값	평균	중위값
비관계회사 매출 (전체) 비중	0.54	0.67	0.66	1.00	0.53	0.61
비관계회사 매출 (현지) 비중	0.45	0.31	0.62	1.00	0.44	0.26
비관계회사 매출 (한국) 비중	0.02	0.00	0.01	0.00	0.03	0.00
비관계회사 매출 (제3국) 비중	0.07	0.00	0.03	0.00	0.07	0.00
관계회사 매출 (전체) 비중	0.46	0.33	0.34	0.00	0.47	0.39
관계회사 매출 (현지) 비중	0.15	0.00	0.17	0.00	0.15	0.00
관계회사 매출 (한국) 비중	0.28	0.01	0.17	0.00	0.29	0.02
관계회사 매출 (제3국) 비중	0.03	0.00	0.01	0.00	0.03	0.00
관측치	1166		118		1048	

D: 신북방 지역	전 부문		기타 산업		광·제조·건설업	
	평균	중위값	평균	중위값	평균	중위값
비관계회사 매출 (전체) 비중	0.77	1.00	0.81	1.00	0.72	1.00
비관계회사 매출 (현지) 비중	0.74	1.00	0.79	1.00	0.67	0.95
비관계회사 매출 (한국) 비중	0.00	0.00	0.00	0.00	0.00	0.00
비관계회사 매출 (제3국) 비중	0.04	0.00	0.03	0.00	0.05	0.00
관계회사 매출 (전체) 비중	0.23	0.00	0.19	0.00	0.28	0.00
관계회사 매출 (현지) 비중	0.15	0.00	0.15	0.00	0.15	0.00
관계회사 매출 (한국) 비중	0.08	0.00	0.04	0.00	0.13	0.00
관계회사 매출 (제3국) 비중	0.00	0.00	0.00	0.00	0.00	0.00
관측치	34		20		14	

표1-2 지역별 해외 현지법인 매출 형태 현황(2017년)

A: 북미 지역	전 부문		기타산업		광·제조·건설업	
	평균	중위값	평균	중위값	평균	중위값
비관계회사 매출 (전체) 비중	0.80	1.00	0.78	1.00	0.83	1.00
비관계회사 매출 (현지) 비중	0.74	1.00	0.72	1.00	0.77	1.00
비관계회사 매출 (한국) 비중	0.02	0.00	0.02	0.00	0.02	0.00
비관계회사 매출 (제3국) 비중	0.04	0.00	0.04	0.00	0.05	0.00
관계회사 매출 (전체) 비중	0.20	0.00	0.22	0.00	0.17	0.00
관계회사 매출 (현지) 비중	0.14	0.00	0.15	0.00	0.11	0.00
관계회사 매출 (한국) 비중	0.06	0.00	0.06	0.00	0.05	0.00
관계회사 매출 (제3국) 비중	0.01	0.00	0.00	0.00	0.01	0.00
관측치	757		467		290	

B: 신남방 지역	전 부문		기타산업		광·제조·건설업	
	평균	중위값	평균	중위값	평균	중위값
비관계회사 매출 (전체) 비중	0.61	0.95	0.77	1.00	0.57	0.84
비관계회사 매출 (현지) 비중	0.50	0.50	0.67	1.00	0.46	0.29
비관계회사 매출 (한국) 비중	0.03	0.00	0.01	0.00	0.03	0.00
비관계회사 매출 (제3국) 비중	0.08	0.00	0.09	0.00	0.08	0.00
관계회사 매출 (전체) 비중	0.39	0.05	0.23	0.09	0.43	0.16
관계회사 매출 (현지) 비중	0.11	0.00	0.11	0.00	0.11	0.00
관계회사 매출 (한국) 비중	0.25	0.00	0.09	0.00	0.28	0.00
관계회사 매출 (제3국) 비중	0.03	0.00	0.03	0.00	0.03	0.00
관측치	1540		298		1242	

C: 중국	전 부문		기타산업		광·제조·건설업	
	평균	중위값	평균	중위값	평균	중위값
비관계회사 매출 (전체) 비중	0.69	0.98	0.76	1.00	0.67	0.95
비관계회사 매출 (현지) 비중	0.63	0.90	0.72	1.00	0.61	0.86
비관계회사 매출 (한국) 비중	0.00	0.00	0.02	0.00	0.01	0.00
비관계회사 매출 (제3국) 비중	0.04	0.00	0.02	0.00	0.04	0.00
관계회사 매출 (전체) 비중	0.31	0.02	0.24	0.00	0.33	0.05
관계회사 매출 (현지) 비중	0.12	0.00	0.14	0.00	0.12	0.00
관계회사 매출 (한국) 비중	0.17	0.01	0.09	0.00	0.19	0.02
관계회사 매출 (제3국) 비중	0.01	0.00	0.01	0.00	0.02	0.00
관측치	1830		322		1508	

D: 신북방 지역	전 부문		기타산업		광·제조·건설업	
	평균	중위값	평균	중위값	평균	중위값
비관계회사 매출 (전체) 비중	0.82	1.00	0.89	1.00	0.78	1.00
비관계회사 매출 (현지) 비중	0.79	1.00	0.86	1.00	0.74	0.95
비관계회사 매출 (한국) 비중	0.00	0.00	0.00	0.00	0.00	0.00
비관계회사 매출 (제3국) 비중	0.03	0.00	0.03	0.00	0.03	0.00
관계회사 매출 (전체) 비중	0.18	0.00	0.11	0.00	0.22	0.00
관계회사 매출 (현지) 비중	0.11	0.00	0.06	0.00	0.14	0.00
관계회사 매출 (한국) 비중	0.06	0.00	0.05	0.00	0.06	0.00
관계회사 매출 (제3국) 비중	0.02	0.00	0.00	0.00	0.02	0.00
관측치	112		40		72	

혁신 성장과 거시경제정책 | 김소영

1 2021년 8월 기준 한국은행은 2019~2020년 평균 잠재성장률을 2.5~2.6%에서 2.2%로 낮췄다.
2 2021년 8월 기준 한국은행은 2021년 소비자물가 상승률을 2.1%로 전망했다.
3 김소영(2019a)을 발췌, 요약하고 수정하여 작성했다.
4 김소영(2019b, 2021b)에서 관련 부분을 발췌, 축약, 확장하여 작성했다.
5 김소영(2021)을 참조했다.
6 김소영·이예일(2021)에서 결론 부분을 발췌하고 수정하여 작성했다.

공정과 혁신의 선순환 | 주병기

1 이 장은 《지속가능한 공정경제(이한주 외 지음, 시공사, 2021)》의 "제15장 공정한 사회와 지속가능한 경제발전"의 일부를 보완하여 작성되었다.
2 IBRD/World Bank, "The Growth Report: Strategies for Sustained Growth and Inclusive Development", Commission on Growth and Development, 2008.
3 OECD, 2014, 2015.
4 《OECD Framework for Inclusive Growth》, OECD Publishing, 2014.; 《Is It Together: Why Less Inequality Benefits All》, OECD Publishing, 2015.
5 OECD, 《How's life in 2017》, 2017.
6 OECD, 《Society at a Glance: OECD Social Indicators》, OECD Publishing, Paris, 2019a.
7 OECD, 《Income inequality(indicator)》, doi: 10.1787/459aa7f1-en, 2019b.
8 오성재·주병기, "한국의 소득 기회불평등에 관한 연구", 〈재정학연구〉, 제10권 제3집, 2017, 1~30쪽.; 신지섭·주병기, "한국노동패널과 가계동향조사를 이용한 소득기회불평등의 장기추세에 대한 연구", 〈경제학연구〉, 2021.
9 신지섭·주병기, "한국노동패널과 가계동향조사를 이용한 소득기회불평등의 장기추세에 대한 연구", 〈경제학연구〉, 2021.
10 신지섭·주병기, "한국노동패널과 가계동향조사를 이용한 소득기회불평등의 장기추세에 대한 연구"에서 [표 11] 참조, 〈경제학연구〉, 2021.
11 신지섭·주병기, "한국노동패널과 가계동향조사를 이용한 소득기회불평등의 장기추세에 대한 연구", 〈경제학연구〉, 2021.
12 주병기, "공정한 사회와 지속가능한 경제발전: 우리의 현실과 바람직한 정책 방향"에서 [그림 14] 참조, 〈한국경제포럼〉, 제12권 제2호, 2019, 1~12쪽.

13 교육부, "경제·사회 양극화에 대응한 교육복지 정책의 방향과 과제", 2017.; 김영철(2011), 김희
    삼(2012) 등.; 김영철, "고등교육 진학단계에서의 기회형평성 제고방안", 〈KDI 정책연구시리즈〉,
    2011.

14 김희삼, "학업성취도 분석을 통한 초, 중등교육의 개선방향 연구", 〈KDI 연구보고서〉, 2012.

15 김영철, "고등교육 진학단계에서의 기회형평성 제고방안", 〈KDI 정책연구시리즈〉, 2011, 43쪽.

16 오성재·강창희·정혜원·주병기. "가구환경과 교육성취의 기회: 대학수학능력시험성적을 이용한 연
    구", 〈재정학연구〉, 제9집 제4호, 2016, 1~32쪽.

17 오성재·주병기, "대학입학 성과에 나타난 교육 기회불평등과 대입 전형에 대한 연구", 서울대 경제
    연구소 분배정의연구센터 DP202105, 2021.

가치 중심의 통상정책 | 박지형

1 Deardorff · Park(2010)과 Park(2011b)는 1960년대 한국경제 고도성장의 시작을 설명할 수 있
    는 이론모형을 제시하면서, 그 당시 한국에 부족했던 자본 집약적 중간재의 자유로운 수입이 고도
    성장의 시작에 결정적인 역할을 할 수 있음을 보여준다.

2 Melitz(2003) 모형 및 다른 두 가설에 대한 보다 자세한 설명은 부록에 있다.

3 박지형(2017)은 국제무역·통상 분야의 연구들을 통하여 세계무역체제 발전 및 신보호주의 등장
    의 배경을 살펴본 후, 이 연구들의 분석틀을 이용하여 세계무역체제 및 신보호주의의 미래를 전망
    한다.

4 매경이코노미스트상 수상논문인 Park(2011a)은 협정위반여부에 대한 정보가 불완전한 경우 제3
    자 분쟁해결기구를 이용하여 협정을 강제하는 방법, 즉 협정위반 여부와 이에 대한 징벌로의 관세
    부과수준을 분쟁해결기구의 판단에 의지하는 방법과 각국이 상대국의 협정위반 여부를 각자의 불
    완전한 사적정보에 근거한 징벌적 관세부과에 의지하여 강제하는 방법을 반복게임이론을 적용하
    여 비교 분석한다.

5 필자의 최근 공저 논문인 Mostafa · Park(forthcoming)에 따르면, 협정이행 여부에 대한 정보의
    비대칭성이 클수록 분쟁당사국 간의 합의에 의한 분쟁해결 또한 어려워진다.

6 이 내용은 필자가 참여하여 진행한 국민경제자문회의 연구용역보고서인 박지형·안재빈(2021)에
    기반한 것이며, 관련 내용은 부록에 정리되어 있다.

7 이 내용은 필자가 참여하여 진행한 국민경제자문회의 연구용역보고서인 박지형·안재빈(2021)에
    기반한 것이며, 관련 내용은 부록에 정리되어 있다.

8 박지형·안덕근·이석배·이지홍(2016)은 아시아의 창조혁신활동에 대한 실증적·이론적·통상법적
    분석을 진행하였고, 중국의 혁신활동에 대한 저자의 판단은 이러한 연구에 기반하고 있다.

9 Bagwell · Staiger(2001)는 WTO의 룰이 어떤 방식으로 바뀔 때, 노동 및 환경정책들과 관련된
    문제를 효율적으로 풀 수 있는가를 분석했다. EU의 역내 탄소세 효과를 고려해 탄소 국경세가 역
    내 기업의 경쟁력 약화를 보전해주는 수준으로 도입되는 방식이 바로 이 논문이 제시하는 효율적
    인 WTO 룰 변경이다.

혁신 성장과 거시경제정책 │ 김소영

김소영, "기축 통화국과 비기축 통화국 간 재정여력 차이", 〈해외재정동향 및 이슈 분석〉, 2021a, 61~75쪽.

김소영, "코로나 사태와 금융 글로벌화", 경제학 공동 학술 대회 발표 자료, 2021b.

김소영, "소득주도 성장 논란과 향후 방향" 2019, 〈경제 논집〉 58(1), 2019a, 27~38쪽.

김소영, "글로벌 경쟁 시대의 미래 금융 전략", 《한국경제, 혼돈의 성찰》, 21세기북스, 2019b, 93~107쪽.

김소영 · 김용건, "코로나19로 인한 경제 환경 변화와 재정정책의 변화와 재정 정책의 효과", 〈한국경제 포럼〉13(4), 2020a.

김소영 · 김용건, "구조 VAR 모형을 이용한 한국의 재정정책 효과 분석", 〈한국 경제의 분석 패널〉 26(3) 61-125, 2020b.

김소영 · 이예일, "한국은행의 고용 목표 도입", 〈한국경제 포럼〉14(2), 2021, 57-97.

Kim, Soyoung·Min, Kyunghee. "Long Term Determinants of Valuation Effects", Working Paper, 2019.

Kim, Hyo Sang·Kim, Soyoung·Yang, Da Young, "Return on Foreign Assets and Liabilities", 2021.

글로벌 공급망 변화와 산업 혁신 역량 │ 이근

Lee, Keun, 《The Art of Economic Catch-up》, Cambridge Univ Press, 2019,

Lee, Keun · Lee, Jongho, "The National Innovation System(NIS) and Readiness for the 4th Industrial Revolution: South Korea compared with 4 European Countries", a chapter in a book, P. Bianchi, C. Ruiz Duran, and S.Labory, eds. GLOBALISATION, HUMAN CAPITAL, REGIONAL GROWTH AND THE 4TH INDUSTRIAL REVOLUTION, E. Elgar, 2019.

Lee, Keun·TY Park, "Changing GVC in Asia since the Covid 19", a report prepared for the OECD, 2021.

Lundvall, B.-A., 《National systems of innovation: Toward a theory of innovation and interactive learning》, Anthem press, 1992.

이근, 《경제추격론의 재창조》, 오래, 2014.

Jaffe, A. · M. Trajtenberg, 《Patents, Citations and Innovations》, Cambridge, MA: The MIT Press, 2002.

Jaffe, A. B.·Trajtenberg, M., 《Patents, citations, and innovations: A window on the knowledge economy》, MIT press, 2002.

Lee, K., 《Schumpeterian Analysis of Economic Catch-up: Knowledge, Path-Creation, and the Middle-Income Trap》, Cambridge Univ Press, 2013.

Lee, K.·Lee, J., "The National Innovation System(NIS) and readiness for the fourth industrial revolution: South Korea compared with four European countries", 《Transforming Industrial Policy for the Digital Age》, Edward Elgar Publishing, 2019.

Lee, K.·Lee, J., "National innovation systems, economic complexity, and economic growth: country panel analysis using the US patent data", Journal of Evolutionary Economics, 30(4), 897-928, 2020.

Lundvall, B.-A., 《National systems of innovation: Toward a theory of innovation and interactive learning》, Anthem press, 1992.

노동시장의 신중한 혁신 | 이정민

김대일·이정민, "2018년 최저임금 인상의 고용효과", 〈경제학연구〉, 제67권 제4호, 2019, 5~35쪽.

이인재, "최저임금 결정구조의 경제적 분석", 〈노동경제논집〉, 제41권 제4호, 2018, 107~131쪽.

이정민·황승진, "최저임금이 고용에 미치는 영향", 〈노동경제논집〉, 제39권 제2호, 2016, 1~34쪽.

Chun, Hyunbae·Jungmin Lee·Donghan Shin, "Can the Minimum Wage Affect Non-Wage Workers?", Unpublished Manuscript, Seoul National University, 2021.

Lee, Jungmin · Geumbi Park, "Minimum Wages, Employment, and Business Closing: Evidence from Employer-Employee Matched Panel Data on Small Businesses", Unpublished Manuscript, Seoul National University, 2021.

인구문제의 해결 공간 | 이철희

이철희, 〈인구변화가 인적자본을 고려한 노동인력규모에 미치는 영향〉, 서울대 금융경제연구원 발표 논문, 2021a.

이철희, 〈인구변화가 부문별 노동수급에 미치는 영향〉, 조세재정네트워크 발표 논문, 2021b.

이철희, 〈고용연장의 필요성과 효과성〉, 미발표 논문, 2021c.

이철희 · 김규연, "선진국의 역사적 사례에 기초한 여성경제활동인구 변화 전망: 인구구조 변화가 노동인력규모에 미치는 영향에 대한 함의", 2019., 《노동경제논집》, 제42권 제4호, 2019년 12월, 1~29쪽.

이철희 · 김혜진, "산업 · 직종별 노동시장 특성과 외국인 근로자 비중에 관한 실증분석", 《노동정책연구》, 제20권, 제2호, 2020년 6월.

이철희 · 정선영, "국내 외국인력 취업 현황 및 노동 수급에 대한 영향", 《BOK 이슈노트》, 제2015-13호, 2015년 12월.

Chulhee Lee · Jongwoo Chung, "The Impact of the Minimum Retirement Age and

Labor Substitutability: Evidence from Korea", Working Paper, 2021.

가치 중심의 통상정책 | 박지형

박지형, "신보호주의와 세계무역체제", 〈국제지역연구〉 제26권 2호, 2017, 15~38쪽.

박지형 · 안덕근 · 이석배 · 이지홍, 《아시아의 창조혁신활동과 세계경제질서》, 서울대학교 출판문화원, 2016.

박지형 · 안재빈, "한국의 해외직접투자 구조 변화 추이 및 현황 분석과 정책적 시사점", 국민경제자문회의 용역보고서, 2021

통일연구원, "지속가능한 한반도 평화프로세스", 경제인문사회연구회 협동연구총서, 21-12-01, 2021.

Bagwell, Kyle · Staiger, Robert W., "Domestic Policies, National Sovereignty, and International Economic Institutions", Quarterly Journal of Economics, Volume 116, Issue 2, 2001.

Melitz, Marc, "The Impact of Trade on Intra-Industry Reallocations and Aggregate Industry Productivity", Econometrica Vol. 71: 1695- 725, 2003.

Park, Jee-Hyeong, "Enforcing International Trade Agreements with Imperfect Private Monitoring", Review of Economic Studies Vol.78, 1102-1134, 2011a.

Beshkar, Mostafa · Park, Jee-Hyeong, "Dispute Settlement with Second-Order Uncertainty", International Economic Review, forthcoming.

Park, Jee-Hyeong, "Trade-induced Industrialization and Economic Growth", International Economic Journal Vol. 25 (3), 513-545, 2011b

Deardorff, Alan · Park, Jee-Hyeong, "A Story of Trade-induced Industrialization", International Economic Journal Vol. 24 (3), 283-296 (with Alan Deardorff), 2010.

혁신의 시작

초판 1쇄 2021년 11월 5일
초판 2쇄 2021년 11월 26일

엮은이 서울대학교 한국경제혁신센터·경제연구소·경제학부
지은이 김병연 김소영 이근 이상승 주병기 이정민 안동현 이철희 박지형
펴낸이 서정희
펴낸곳 매경출판㈜
책임편집 고원상 서정욱
마케팅 강윤현 이진희 장하라
디자인 김보현 이은설

매경출판㈜
등록 2003년 4월 24일(No. 2-3759)
주소 (04557) 서울시 중구 충무로 2(필동1가) 매일경제 별관 2층 매경출판㈜
홈페이지 www.mkbook.co.kr
전화 02)2000-2630(기획편집) 02)2000-2636(마케팅) 02)2000-2606(구입 문의)
팩스 02)2000-2609 **이메일** publish@mk.co.kr
인쇄·제본 ㈜M-print 031)8071-0961
ISBN 979-11-6484-338-1(03320)

이 책은 서울대학교 경제연구소 한국경제혁신센터와 서울대학교 경제학부의 지원을 받아 출간됐습니다.
© 서울대학교 한국경제혁신센터·경제연구소·경제학부 2021